SPI
後天領導者

蕭正浩 著

序言

領導與管理到底影響我們多深遠？僅存在於工作職場上嗎？還是深深嵌入我們生活之中。這是我長期困擾的問題。年輕時，曾因為想從軍報國而開始研讀《孫子兵法》，爾後傾心研究領導學，至今算下來已有二十餘年。期間無論《孫子兵法》、《管子》、《韓非子》、《商君書》、《六韜》、《貞觀政要》、《老子》等古典書籍，皆已翻閱不知多少遍，從熟背到內化成自己的語言、從理論到驗證，並突破創新，過程中累積不少心得與知識。這十幾年間，隨著西方管理知識開始進入，如黃金圈、牧羊人領導、OKR以及教練式領導……等，開始出現許多鑽研這些論述的專家，課程也油然而生。我在好奇驅使下，跟風涉略西方的各種理論與知識，卻往往無法在這些理論中，找到新穎驚嘆的內容，不禁開始思考，到底哪裡出問題？後來發現，原來博大精深的華人經典，早有詮釋，只是被眾人遺忘了。

在過去的某些機緣下，與一些講師密切合作，甚至接觸到很多專家，深深覺得他們的論述，都有某種程度上的缺漏，無法全面的找到問題並解決。於是開始思考什麼才是眞正的領導學？管理學又是什麼？市場上琳瑯滿目的資訊與方法又該如何辨別？回想起過往研讀的諸子百家，言簡意賅，直訴問題核心才是正確的吧？我們不是應該要用最簡單的方式來看待領導學嗎？之後便開始朝此目標前進，不斷探討領導成形的原因。

爲了找到適合大衆且實用的領導知識與做法，最終在不斷觀察與實驗中，發現目前最適當的答案。原本打算以學術方向發表，卻被衆人勸退，原因是我不夠有名，更不是學術界的人，無法在那樣的世界裡發表研究。思量許久，決定提筆將觀察與驗證的過程記錄下來，並將其著作成書，尋求有緣人一同體悟其奧妙，共同推廣實用的領導學知識，協助衆人朝向修身、齊家、治國、平天下的境界，獲得思想上的解放與自由，從此安樂滿足。

本書的重點區分爲兩大類，前半段偏向於探討與思考，探討領導學的眞諦，思考領導學的哲理。後半段偏向實戰，如何設計一套完整計畫？執行計畫要注意的項目？透過哪些關鍵因素可以得到客觀分析？藉由知識讓領導與管理的過程中，減緩不必要的衝突與麻煩。每個人都是有影響力的，本書很寫實的告訴你一切眞相。若抱持一顆思辨的心閱讀，將會無限回甘，受用無窮。

民國一零九年八月四日　蕭正浩

目錄

第一章 二十一世紀必備的全民知識

第二章 找到你的核心價值

第三章 風險與領導之間的關係

第六章 組織運用的方法

第七章 成功執行計畫的關鍵

第八章 面對風險的應對與轉化

Chapter 1
二十一世紀必備的全民知識

一、領導學，就是你的人際關係學

開宗明義，很多人把領導學狹隘了。記得多年前，曾與一位友人共賞夜景，當時聊到領導學的內容，朋友一臉不在意地說道：「我現在又不是主管，不需要學這些東西，等我當上主管再說。」朋友說得一派輕鬆，我卻聽得百般無奈。爲什麼現今社會充斥著人際關係的問題，無論家庭失和還是社會紛爭，追根究底都是領導學知識不足的原因。每個人都有影響力，卻不相信也不懂得如何發揮。

有人的地方就有領導，小從朋友、班級，大到團隊、企業甚至整個國家，都與領導脫不了關係。讓我們先靜下心來好好思考吧！所有的關係從來沒有絕對的對等，難免都會產生些許的主從關係，而這之間的差異，就是領導與被領導關係。那爲什麼彼此會有這樣的差異呢？特定人士可以出來號召大衆，想必有其先天因素，可是各位有想過其箇中原因嗎？加以思考就會發現，每個人都能在特定的情況下影響別人，甚至在刻意設計的劇本下，領導原先無法掌握的族群，因爲領導優勢可以靠後天行爲去變化，這就是本書的重點，後續我會陸續提到。

依據這樣的核心思想，於此宣告：「先天的領袖，後天的領導者」。

你，也可以成爲影響別人的領導者。

我們觀察後會發現，通常擅長領導管理的人，人際關係也不會太糟糕。相反的，還可能活在自己很受歡迎的幻覺裡，實際人際關係一塌糊塗，最後只能靠討好、吹捧來維持渴望的環境，最後失去主導權，淪落被人領導那一方。有人認爲阿德勒所提的，是人際關係心理學，而我認爲「領導學就是人際關係的哲學」，是二十一世紀文明社會中，你我都必須了解、必修的一門知識。

二、心法與技法

領導學就是人際關係的哲學，彼此有很大程度的牽連。這時或許會有人產生疑問：「我也有看過人際關係很好，卻把團隊經營得一團糟的案例，這樣說法會不會太武斷？」。那我要反問：「你怎麼判斷人際關係是否僅建立在表面？」。過去我也遇過一種類型的主管，他的中心思想是「只要部屬喜歡我，就是好主管」，導致任何決策都會依照部屬「是否喜歡」爲考量。短期內的確受到部屬的擁戴，但隨著時間久了，矛盾也開始浮現。過去受人愛戴的主管，最終滿足不了「讓所有部屬都喜歡」這件事情，利益、衝突依舊使其被批評得一無是處。那之前擁有的人際關係是眞的嗎？這案例可以提供給大家思考。

有過管理經驗的人一定很有感觸，管理就是分配利益的過程，也因爲眾人對利益的估值不同，導致管理上的變因很大，勢必要經過鍛鍊，才有辦法妥善處理繁瑣的問題。因此我提倡要時常學習、鑽研理論，並於實戰中修正。提到學習，我先提出一個概念——「心法」與「技法」的不同。

「心法」屬於思考邏輯的訓練，「技法」屬於實用工具。

坊間很多課程，像是成功學、激勵課程、催眠銷售，還有教練式領導……等，在此都偏向於「技法」的訓練。而領導學的學術、理論，則偏向「心法」的研習。因此，主管光有人際關係，卻沒有好的「技法」配合，反而容易導致矛盾激增，分化劇烈。過去我就遇過這樣類型的老闆，跟誰都可以做朋友，彼此關係也無所不談，這樣看似完美的老闆，實際做起事來卻只靠感覺，毫無章法，最後在團隊成員工作理念不同，又沒有妥善調解的狀況下，導致願意討好老闆的一派獲得話語權。再說，只靠人際關係的領導，極大可能會造成團隊性質單一化，對於公司發展不利。相對僅有「技法」的應用，卻沒有「心法」的支撐，也僅是複製工具，並無法因地制宜、運用自如，問題依舊會頻繁發生。

正因如此，本書才會刻意提出「心法」與「技法」，藉此將「領導」與「管理」做出詳細定義，「領導重於人，屬於心法。管理重於事，屬於技法」。可惜的是，接觸至今，大部分的主管都是偏向「技法」的管理者，領悟「心法」的領導者少之又少，令人感到惋惜。

「心法」與「技法」到底哪個比較重要呢？

兩者無法拿來比較的，其關係是相輔相成。但可以確定的是「心法」越高明，「技法」會相對純熟，處理事情便能趨向妥當與完整。曾經看金庸專訪時，主持人詢問：「金庸系列小說中，哪個主角最強？」金庸的回答是張無忌。恰巧我也很欣賞張無忌的武俠造詣。張無忌在習得九陽神功後，無論學什麼武功都比一般人快又純熟，其中包含最難學的乾坤大挪移。歷代教主都無法駕馭的神功，卻讓毛頭小子張無忌一天內學會！關鍵在哪裡？在於有九陽神功的支撐。九陽神功就是本書指的「心法」，是護體神功，然乾坤大挪移便是「技法」。有了強大的「心法」，在職場上學習與應變，將更能收放自如。

「心法」的鍛鍊，可以使「技法」更加精準與彈性地被使用，讓思考面向更貼近事實，能使運作過程更趨於穩定，並獲得理想結果。鑽研領導學便是修煉「心法」的過程，再配合管理學的「技法」堆疊，相互融合才能促進成長。應避免市面上誇大「技法」效能，卻無「心法」支撐的教學，學再多也無法解決問題，不就冤枉了嗎？

最後我們依循「心法」與「技法」的不同，嘗試把領導與管理的內涵做些簡單定義，先將彼此想法提升至同層面上，如此在閱讀各篇章的時候，才不會深陷茫然。不管如何，保持開放的心，取後續論述之精髓，與自己的價值觀結合，這才是學習的真諦。

結論：「領導」重於人與人關係的維持，「管理」重於事物之間的執行。

三、領導與管理的差異性

領導是處理人之間的問題，通常需要一定的協調溝通的空間，不能有太多先入爲主的觀點。大多情況是要反省自己的疏失，而非究責於他人，否則容易讓問題失焦、導向論人不論事，矛盾因此擴大。領導的核心爲「平衡」，平衡一切利益，這利益不單指錢財，還包含人內心的渴望。說白了，領導便是將渴望掌握於手中，造就彼此間平衡穩定的學問。至於要如何修煉？唯一途徑是不斷自我反省才能成長。

管理則是處理一切事務性的工作，需要有依據的原則與堅持，來避免混亂。因此，溝通空間較小，規則明確，且多以團隊整體爲考量，其過程以結果爲導向，屏除人與人之間的情感。那要如何能讓管理能力提升呢？「透過經驗累積」就可以完成。

將領導與管理個別定義後，內心便會產生一把尺，能夠助你去衡量「什麼樣的人適合領導？誰又適合管理？」進而了解到在某程度上，做人做事必須做到切割，讓彼此可以並行又互不牽連。別再用人情世故當藉口，把一切毀在模糊不清的態度中。

領導與管理之間的差異	
解決關於人的事	處理關於事務性的事情
細解	細解
屬於心法	屬於技法
可以協調	不輕易妥協
沒有絕對標準	標準需要清晰明確
以要求自身爲出發點	以團體爲優先考量
關鍵在於平衡	關鍵在於結果
靠反省來累積	靠經驗來累積
共同點	
均需要透過情緒的穩定才能發揮效果	

上司要從部屬身上學習如何領導，因爲上司的行爲與影響會直接反映在部屬身上，如同父母從小孩身上學習如何教育。而管理則是向上學習，可以透過經驗累積來安排與分配事務性工作，相同或類似的方法，可以在前人的道路上找到答案，減少失誤，便能少走很多冤枉路。

結論：領導向下學習，管理則是向上模仿。

四、領導與情緒管理

現今，有很多探討領導學的理論，在學術界與商界前仆後繼的研究與實踐下，衍生了諸多派系，但卻把本爲單純的結果複雜化了。過去我曾試著把領導學簡單化，用簡單的方法去解釋何謂領導，無奈衆人皆說不可行。我問爲何？其原因竟是太簡單就沒人要買單了。沒錯，爲了商業需求，必須包裝。爲了學術研究，注定要長篇大論加上文獻備註，從此決定了領導學越來越複雜的命運，每次想到此事，總特別有感觸。

我在多年前，接觸過一個理論，叫做「第一性原理」，當初爲了讀懂它，翻遍了文獻，瀏覽滿滿的解釋，卻越看越模糊，讀起來相當辛苦，無法明白理論想要傳達的定義到底是什麼？某日突發奇想，自己熱愛研讀《孫子兵法》，市面上也充斥著與此部經典相關的論述，但誰又能代表孫武的想法呢？事實上，沒人知道孫武當初在想什麼，那麼看到文章後的我們，到底領悟了什麼？我透過此思辨過程，忽然理解「第一性原理」想表達的內容，就是「剝開複雜的論述，去探討最簡單的核心，直指初衷。」體悟事物的根本，才是最重要的。

從那天起，我便用另一種角度去思考，領導學存在的意義是什麼？如果定義爲「人際關係的哲學」，那麼又是什麼影響了人際關係呢？說到這，你們是否也已經發現了？答案是「情緒」。於是我開始觀察現實、歷史、他人的故事，發現很多往往看似成功的開始，爲什麼都會因內部失和而失敗收場？那刻終於明白，一切都跟「情緒」有關。

確定了「情緒」是影響領導結果的關鍵因素後，你是否與我萌生出相同想法？市場上很多領導管理學的課程大多沒有實質幫助，其原因在於你明明知道，卻又做不到，爲什麼做不到？因爲「情緒」。人有情緒，無論羨慕、自私、嫉妒、失落、憤怒、喜悅、亢奮等，抑或後續衍生出的排擠、攻訐、報復、陷害等行爲，都深深影響著團隊的運作與效率。誰的福利比較好、老闆說話不算話、誰跟誰關係好有特權……等，諸如此類的事每天在人與人之間流竄，處理不了的「情緒」才是眞正的毒瘤，且慢慢侵蝕你所有領導技巧。尤其是領導者，在處理組織所有複雜瑣碎的事務時，一定有很多情緒，卻又不願意面對這些負面情緒，於是惡性循環之下，擴大情緒反應，最終傷害自己與周遭的人。所以，沒有一定的修養來調節、管理情緒，自然無法勝任一名優秀的領導者。無論是什麼管理論述與課程，在情緒面前，一切都毫無意義。試想，有多少夫妻、朋友、上司下屬深陷在怨懟與困惑的循環裡呢？

這邊舉個實際案例，我過去曾在某間大公司擔任業務，遇到的主管是個典型的控制狂，舉凡工作到私下生活中的每個細節與步驟，都要干預與約束。想當然爾，必然引起許多反彈，後來有個年輕弟弟受不了累積的種種壓力，開始刻意不做業績、拉低團隊績效、四處抓把柄向公司申訴，甚至四處講主管壞話，引起許多非議。而主管則是透過謾罵、諷刺、公然污辱甚至排擠下屬來反制，問題沒有改善就算了，還產生了主管愛找麻煩的反效果。

這時主管想起了我，並來請教：「針對這個毒瘤，若是你該怎麼辦？」我思考一會兒後，便出計：「我有一方法可讓這毒瘤為你所用，那雖是瘤，也是良性的。」，主管聽聞後雙眼發亮，欣喜問道：「噢！是什麼好方法？」

「大動作地對他好。」我簡單說。

主管感到詫異，質疑起：「他這爛咖已經在亂搞了，你還要我對他好？」

眼看主管一臉排斥，甚至覺得這是什麼爛方法，於是我細細說明。其實這是一石三鳥之策，反正現在也無法將他辭退，因為不符合規定，所以對他好是做給團隊看的，可產生三個效益。其一，「可建立領導者的氣度」，讓團隊感受到主管的格局與高度。其二，「獲取輿論上的支持」，當團隊看到如此欺人太甚的部屬，與一再協調、從中讓步的上司相比，大夥會怎麼看待這個人？其三，「使團隊安心」，連這樣的部屬上司都有耐心輔導，何況其他人呢？這三個好處就足以讓風向轉舵，使毒瘤對團隊有利，還可以抑制負向擴大。

我再三請主管按耐住脾氣，好好的跟他談談，重點是談給別人看，一場好戲扭轉主從的關鍵在於不能生氣。主管聽完便立即找部屬懇談，沒料想到，僅僅幾分鐘主管情緒就被點燃，用盡極爲不恰當的言語在辦公室裡謾罵。此景看在衆人眼裡，無不傻眼，反而再次降低主管威信，也讓作惡的部屬達到目的，導致情況朝更惡劣的形勢發展。

這是情緒管理不當所帶來的問題，也是血淋淋的案例。用這案例來剖析，惡意員工刻意不做業務、試圖拖垮團隊，爲什麼不用開除的方式請他離開？因爲對方巧妙的避開考核，因此無法汰除。這是大制度上的瑕疵，導致無法用制度來解決問題。此時會進入到一個長期的拉扯，端看領導功力來決定團隊會朝向穩定或是混亂，而這關鍵便是在「情緒」。當制度無法解決問題，考驗的就是領導者的功力，情緒穩定的領導者可以作出較多正確的判斷，適時避開危險，這就是爲什麼前文一直強調「心法」與「技法」的重要、刻意區分「領導」與「管理」。在這案例中，情緒管理就是「心法」的一環，儘管業務主管的銷售能力再強，賺的錢再多，對於產品的解析等「技法」都非常嫻熟，但依舊被不擅「心法」技巧的情緒，破壞了領導關係。平常在組織運作的過程中，一定常發生所知「技法」沒有發揮效果的時候，這時你能維持多穩定的狀態繼續領導團隊？這才是眞正成功的領導。

「知道」永遠不代表做到，講得出不代表達到，萬事的根源來自於心，所以，情緒管理是領導學的入門課，更是一輩子需要修煉的「心法」。

結論：領導學的入門功，就是情緒管理的鍛鍊，也是一輩子的修煉。

Chapter 2
找到你的核心價值

一、核心價值決定你的形象

本章我們要來聊聊核心價值，市場上很多大師宣揚一定要找到你的核心價值，甚至透過課程與理論，從激勵、成功學等角度，協助大家探索並發現核心價值。但我認爲眞正的核心價值是無法從外在強加的，至始至終都相信，人本身便有其存在價值，只是不知道什麼時候被環境給抹滅掉了？使你不敢再妄想這樣奢侈的東西，最後迷茫於塵世，被他人所影響、利用。如今，很多傳直銷愛大談夢想，甚至過分誇大獲利與生活，煽動你和他們一起追逐；引導你，讓你以爲那也是你自己想要的目標。但是，你曾靜下心來，好好仔細想想，你追求的是自己的夢想嗎？還是他們的？

核心價值用東方觀點解釋，我會引用《孫子兵法》的「道」。此「道」爲萬事之根本，而延伸出大環境的趨勢評估、資源的盤點運用、團隊成員的召集、合作的方式、如何執行……等諸多邏輯。除此之外，「道」還影響個人顯現在外的氣質形象，例如：一個每天羨慕、追逐模仿的人，看上去的氣息必然是混亂的。一個用模仿造就出來的成功人士，在被質疑時，通常會異常憤慨。都是因爲他們的核心價值薄弱，導致外在行爲被情緒支配。核心價值越脆弱的人，看上去一定相對的沒有自信，越沒自信的人花招越多、表現慾望越強、越想跟人爭強、越看重表象的虛榮、對於成功異常執著，而且偏好謀求短線操作換取高報酬，無疑都是想在短時間內證明自己的能力並非虛假。

至今遇到許多的人，忘記自己的核心價值，或是不敢追尋，便用許多理由說服自己，內心卻又不甘於此，埋怨與憤怒圍繞在他們周圍，呈現非常低迷的氣場，永遠脫離不了問題。反之，一個有強烈核心價值的人，在行事上是果斷的、有依據與條理的，做事會有自己的步調，不受他人影響，也不受限於大衆框架。他們看上去是有自信與魅力的，這和外型姣好、侃侃而談、大展能力的自信不同，他們透過行動來影響大衆，誘發衆人追隨模仿。詳細觀察會發現，核心價值讓人除了擁有自信，還同時兼具包容與尊重，因此人格魅力相對獨特，形象自然有所不同。

結論：核心價值所帶來的自信，兼具「包容」與「尊重」。

二、內在價值

談到內在價值，想到不久前，一位朋友忽然要找我聊聊，當下沒想太多就敲定了時間。見面時，瞧他一副有口難言的態度，便知道直銷找上門了。我不動聲色地望著他，期待他會如何發揮影響力來改變我，閒聊一陣後，他終於開口：「能請你幫忙嗎？因爲最近有競賽……」就不贅述了。當下其實我滿訝異的，以往對直銷的印象，不是正能量異常爆棚，就是對團隊有信仰般的推崇，較少用「幫忙」這樣的人情攻勢。我看著眼前情況立馬分析了兩種可能，不是逆向操作，就是他自己其實也感到疑惑。於是挑明問道：「你相信這產品嗎？團隊的運作方式你認同嗎？你眞心想做直銷嗎？」連三個問題讓朋友啞口，婉轉回答：「產品我相信，自己也用得不錯，所以想推薦給你。」我立刻追問：「所以你眞的想做直銷嗎？這行爲是你喜歡的嗎？拉我進去是你渴望的？」被這樣壓迫式的追問，朋友終於鬆口，其實不喜歡團隊的經營模式，而做直銷也只是爲了賺錢。

答案水落石出，沒有內在價值的典型案例——沒有令他拼命的驅動性。

首先，想賺錢跟直銷並沒直接關係，而朋友也並非想賺錢而選擇直銷，反倒是因爲想賺錢，被人說服直銷是唯一的方法。他被灌入了不屬於自己的核心價值，因此呈現出不安與不確定的氣息，連帶形象與影響力大幅下降，不可能吸引得了人。

內在價值模糊，所提出的說法與論點通常經不起考驗、變動性也大，即便當下條件非常誘人，終究會在時間的驗證下穿幫。再者，以此找來的團隊成員容易良莠不齊，這也可以解釋，爲什麼市場上那麼多團隊與商業模式都只能短期操作，無法長期經營？因爲經不起驗證，只能在眞相被曝光前快速大撈一筆，可憐的是那些被驅使的外圍人士。

常常看到很多團隊土崩瓦解於一瞬間，原因在於沒有共同追尋的內在價值。有句話是這樣說的：「人怎麼來就會怎麼離去。」沒有內在價值支撐的團隊與合作，通常向心力非常不穩定，出現利益問題時，會崩解非常快。所以說了那麼多，到底要如何清楚自身的核心價值？說白了，這要問你自己，這看似廢話的回答，卻也蘊含眞理，不應該由任何外人告訴你，你應該做什麼？想要什麼？永遠都要問自己：「我要什麼？」

當你探索到喜歡的事物時，一定會有感覺，順著感覺去走，放手去做，才會成爲眞正有魅力的人。有些人會問：「可是我就沒有那麼多想法呀？那該怎麼辦？」這問題很好，沒想法其實也是種想法，穩定的人生更適合你，沒有不好。

「我們一生都在追尋夢想，就算一輩子都找不到，也不該把自己的人生，奉獻在他人的夢想裡。」

想做一件事情前，先問問以下幾個問題：

1 爲什麼想做？
2 爲什麼一定要做？
3 對自己有什麼幫助？
4 能否在反對下堅持？
5 爲什麼能堅持？
6 有勇氣大聲說出來讓大家知道嗎？

好好的思考以上問題，並與自己對話。如果毫無猶豫，就放膽去做吧。

結論：擁有內在價值的人，你就擁有吸引人的魅力。

三、外在價值

現在，我們來聊聊外在價值。如果內在價值給你帶來的是自信、讓你擁有吸引人的魅力，那外在價值便是直接影響他人的利器。現今的社會結構，大部分的人是因利益而聚攏，擁有外在價值的人，能夠讓人清楚知道每個行爲所帶來的好處，不管是夢想、金錢、名聲……等，一切驅使人前進的慾望，都能因爲你而有機會獲得滿足，那便是外在價值的重要性。

外在價值協助我們看清自己，快速釐清沒人支持的原因，不易陷入過分執著的漩渦裡。試想，當你有一個明確的內在價值，渴望完成某件事，卻無法提供外在價值給他人，勢必沒有人會支持你，該怎麼辦？這時有兩種做法，第一，重新調整內在價值。第二，孤軍奮戰也要去完成，請接受沒有外在價值所帶來的孤獨。

「內在價值讓你想要去做，外在價值決定有沒有人陪你一起做。」

「同時擁有內、外在價値的人，必會成爲團體中最有影響力的人，這就是領袖魅力。」

幾年前，一位女性朋友在長期工作的壓力下，終於想通了，決定放下穩定的工作，用積攢多年的存款，去世界各地遊玩。這個決定，必然是受到內在價值驅使，隱含著非做不可的驅動力。但可惜的是，這樣不顧一切地遊玩，並無法提供外在價值給他人，所以無法獲得支持與陪伴。當時她可以選擇埋怨大家不理解，但她選了第二種方式，儘管一個人也能完成。最終花了一年的時間造訪了北歐與南美洲。這案例強調的是，有時就算沒有外在價值，卻依舊能夠完成很多事，端看怎麼思考。大部分瘋狂的行爲，或是眞正的機會，是不會被當下價值觀所接受的，也因此才有機會發揮影響力來引導衆人，創造不朽。

如果，內在價值是想與不想的關鍵原因，那麼外在價值就決定了是否擁有影響力。所以，當內在價值確定後，要思考這行動對他人的利多，或是什麼才能建構起互利。簡單說，當你的外在價值，剛好是他人內在渴望，那恭喜你，找到一個夥伴，同你一起冒險了。

結論：外在價值與影響力有一定程度的關係，也與利多有相對的關聯。

四、內在與外在的結合

依照前論，內、外在價值是相互呼應的，自身的外在價值，需要與他人的內在價值結合，才會是穩定的合作，相較於純粹以利換利的商業交流來說，相對可靠的許多。說到這，可能還是很多人會感到困惑，我用簡單的漫畫「航海王」來舉例。航海王裡，以主角魯夫爲首的草帽海賊團，迄今爲止有團員魯夫、索隆、娜美、香吉士、騙人布、喬巴、羅賓、佛朗基、布魯克，還有剛加入的吉貝爾等人。召集他們的團長魯夫，目標是成爲海賊王，這便是魯夫的核心價值。於是，他揚帆啟航，朝向偉大航道冒險，而跟隨魯夫的衆多主角們，既然目標不是海賊王，爲什麼會願意一同前往？原因在於，魯夫提供的外在價值符合衆人的內在價值。像是想成爲第一劍士的索隆，發掘失落歷史的羅賓，證明自己造船技術的佛朗基，這些人的價值觀，都必須透過魯夫的內在價值「成爲海賊王」，到達偉大航道的終點才能完成。所以，唯利是圖的、佔地爲王的、海上霸權的，都註定不會是魯夫的夥伴，這便是內在價值與外在價值的結合。

因此，內在價值強大的人，有時候要思考自己堅持的東西，是否符合大衆的利益認知？若是沒有，現階段可能需要努力「靠自己」將結果慢慢呈現，直到大眾感受到想要的價值，才會誘發追隨者。內在價值的實踐在於，是否有利於他人，反之，是否有那種內在價值缺乏，外在價值飽滿的人？當然有，而且大多人都是如此，口裡說著夢想與價值，卻隨著環境三百六十度反轉，好聽點叫做修正，說穿了，就是沒有原則的投機者，所以外在價值強大的人，有時需要停下腳步，好好思索自己到底要什麼？跟隨在側的人，需要的是什麼？達到彼此雙贏的局面。

結論：內在價值與外在價值可以透過合作達到互補。

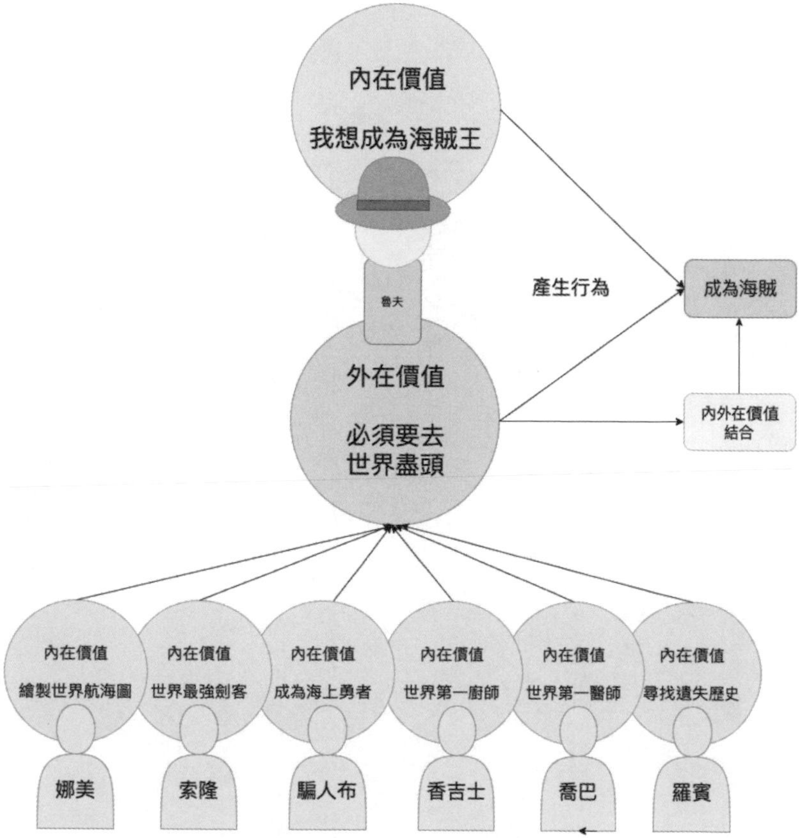
內在價值
我想成為海賊王
魯夫
產生行為
成為海賊
外在價值
必須要去
世界盡頭
內外在價值
結合
內在價值
繪製世界航海圖
內在價值
世界最強劍客
內在價值
成為海上勇者
內在價值
世界第一廚師
內在價值
世界第一醫師
內在價值
尋找遺失歷史
娜美
索隆
騙人布
香吉士
喬巴
羅賓

內外在價值結合示意圖

五、找到你的核心

花了很多時間論述，強調核心價值，還由此衍生內在與外在價值。但如果眞的沒有什麼核心價值在心中，該怎麼辨呢？其實，大多時候我會認爲，只是你忘記了，或不再有勇氣追求，隨著時間過去，慢慢習慣，直到一切都理所當然。我們很少看到孩子在寫夢想的時候會是茫然的，而我們又是從什麼時候開始，自以爲成熟，卻忘了最簡單的道理。

「沒有人能決定你是誰。」

還有一種情況是，有些人本身就喜歡平穩的生活，這其實也是種核心價值。並不代表只有那些被歌頌的價值才是應該的。可惜大多人都被社會的價值觀牽著走，反過來質疑自己、強迫自己追求社會認同，活在別人的價值觀裡。胸無大志本身並沒有任何不妥，只要認清這世界上每個人都只能活一次，沒有豐富的人生經驗，可以向你道盡人生的事非曲直，更不可能有百分之百正確的道路。那些不用對你人生負責的建議，有時眞的聽聽就好。清楚自己想要或不要的，慢慢地探索找尋答案就可以了。就算一輩子都找不到答案又如何？很多人也一樣，不用感到孤單。那些需要別人跟你談的夢想與價值，才是最沒價值的，別讓別人的視野遮蔽了自己原本清晰的世界。

到底有沒有辦法找到核心價值呢？是有一種邏輯工具可以嘗試。在過去企業輔導的經驗中，我曾協助一名音樂家釐清自己的想法，她「很多事情想做，好像都可以做？」多項工作同時進行，最後反而混淆了先後順序與相對關係，事情搞得一團亂。當下我利用「稷下核心歸納法」請她做幾件事，以下簡單將其條列化：

1 寫下目前有在執行的事（工作、興趣……，一切有無收入的項目均要列出）

2 寫下在不考量任何限制條件的情況下，所有想做的事？

3 寫下過去到現在，曾經不止一次想要完成的事？

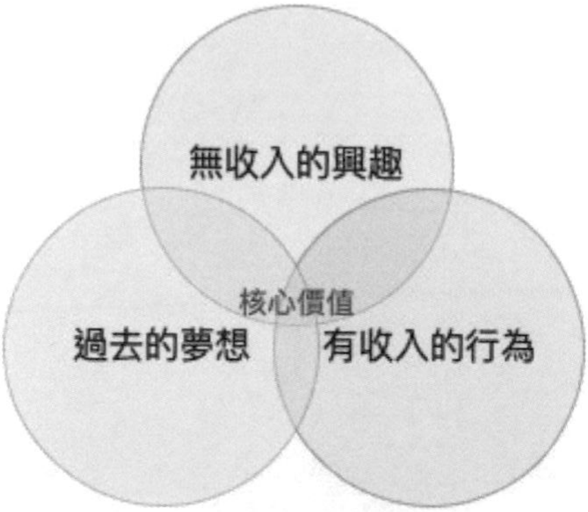

核心歸納法

當這三項條列出來後，交叉比對其關聯性，會發現，很容易就能找到彼此的共通點，當想做的事，又能帶來收入，還與夢想結合，這不是核心價值，那什麼才是？而當時會需要音樂家條列出來還有別的原因，要確定「當下無法按照自己的心去走，是否是因爲當前資源無法支撐？」例如，沒有錢、沒有技術……等。所以，用這簡單的方式，除了找到共通點外，還可評估做不到的原因。最後，終於協助這音樂家突破自己的盲點，找到當下可以著手進行的項目。

Chapter 3
風險與領導之間的關係

一、風險管控的好壞決定領導的高度

本書開宗明義的強調，領導學跟情緒管理有很大的關係，而情緒波動更直接反映在管理的決策品質上。因此，本章節針對情緒的議題來探討。市場上有很多課程，透過行爲模式來達到情緒亢奮的目的，與本書主張領導者的情緒是需要平穩的，不宜過度亢奮或消沈的邏輯相互違背。畢竟，我們面對的是世界上千百萬種個性的人，不能妄想透過單一的模式去影響別人。當我們有意圖改變他人時，內心預設的結果就會產生渴望，引發情緒，當現實與渴望無法接軌，其中的落差會在領導團隊上埋下危險的因子。在此鄭重強調，避開管理風險的第一關鍵要素，請先維持情緒的穩定。

說個春秋時代的故事，當時魯國長期遭受齊國侵略，在齊強魯弱的情況下，魯公每次都只得硬著頭皮上戰場，又一次次被打得丟盔棄甲。在某次齊國的入侵下，魯公帶領曹劌上戰場，參謀曹劌主張待敵鳴鼓三次我方再回應。那個年代打仗是很君子的，甚至有國際規則需要遵守，當齊國兩次鳴鼓，振奮士氣準備開戰之時，卻一直得不到魯國的回應，等到齊國第三次鳴鼓後，魯國才擊鼓回應。三次鳴鼓過程中，齊軍激昂的士氣早已漸漸下沉，而初次擊鼓的魯軍則逆勢上揚，無形間產生逆轉，士氣旺盛對上士氣削弱，如同朝陽對上晚霞，此戰齊軍潰敗，這就是著名的「曹劌論戰」。

這故事道出一句名言：「一鼓作氣，再而衰、三而竭。」

「情緒操弄」要用在關鍵上，不是肆無忌憚地使用。因此，市面上的激勵課與成功學理論往往讓我感到不可思議，因爲維持平穩才是領導學最核心的修煉之一。如何維持平穩呢？透過知識去了解眞諦，透過計畫來減少損失，減少不確定因素，情緒自然穩定。

人，爲什麼會有情緒波動？像欣喜、興奮、愉悅，或是鬱悶、怒氣……等，無論好壞，都是出於心中的渴望。符合期待時必然喜悅，反之則鬱悶，鬱悶的來源乃是不符合預想的突發狀況。我們常常在情緒波動下決定事情，導致錯誤頻頻，重複著情緒所帶來的問題，把生命越過越糟。舉凡夫妻吵架、朋友衝突、上下屬關係矛盾，全都是因爲無法掌握預期結果，讓情緒出現問題，所以必須多次強調，情緒管理的好壞，是控制風險的第一要素。

人與人之間的關係，就是領導學，如果事事過於情緒化，自然影響關係，領導行爲也會出問題。領導者在判斷事情時，應盡量避免情緒的干擾，若能做到此點，可想而知，領導功力何其深厚，圍繞自身的正確判斷增加，整體發展自然就會更上層樓，這便是《孫子兵法》所強調的：「主不可因怒而興師。」

情緒越穩定，領導能力就會越高。那些高情商主管往往散發著特別的魅力，在朋友群中著實耀眼。但，有想過他們爲什麼能夠保持高穩定的情商嗎？生活與工作上，難免會有突發狀況，這些出乎評估外的事件發生時，該如何平靜面對？撇除個性豁達的人不談，另一種可能性是，這些意外對他們來說，並不完全是意外，而是一開始便設想過的事，他們有可能都是風險管控、處理問題的高手。

本書的思維邏輯核心裡，「風險」遠比任何事情重要，豪賭性的行爲都是萬不得已的情況下，才會做出破釜沈舟的決策。然而，風險控管得當，突發狀況就會少，甚至能提早思索對應辦法。因此，在他人眼中非常危險、意外的事，他們都已盤算過了，就算無法解決，也對損失後果早有掌握，自然就不會因過度的變動，而影響情緒，阻斷了使情緒影響判斷、陷入負面循環的可能。所以，想修煉領導學，首先穩定自己的情緒。怎麼穩定情緒?就是做好計畫與風險管控。

結論:只要是人就一定有情緒,我們得接受它。情緒是可以透過設計而減緩波動的,減少意外的發生,等於降低情緒失控的機會。

二、評估趨勢

如何減少意外的發生？詳細做法我們後面會提到。在「技法」分享之前，還是要不斷強調「心法」的重要。想透過降低意外的發生，來穩定情緒，是有一套邏輯可以協助的。關鍵在第一章所強調的核心價值，爲什麼它那麼重要？因爲，之後的一切分析與衡量，都是依據內心的目標來逐步完成，唯有清楚自己要什麼，才能衡量它。

評估趨勢指的是什麼？就是一個理念與想法，在環境裡完成的機率。評估趨勢的邏輯很簡單，當你想要完成一件事前，請將想做之事放在大環境下，冷靜思考幾件事：

1 是否有競爭性？（未來趨勢，消費習慣，政府政策，獨特性，話題性。）

2 相同與類似的東西有多少？（同類型產品、商業模式。）

3 前瞻性可否期待？（創新，突破，改變，時效。）

4 可取代性有多高？（模仿，可替代性。）

思考以上四點後，「儘管知道缺乏很多資源，是否還想堅持完成？」這是最後要問自己的。要知道不一定做相同的事項，就一定會失敗，有些前瞻性也是透過創造而出現的，但爲什麼還要思考上述四個問題呢？《孫子兵法》有述：「夫廟算者，多算多勝，少算少勝，何況無算乎？」多評估、了解自身優勢與劣勢，才能清楚知道可行性與將來會遇到的風險。拿著自己核心理念與當下環境去做評估，得出差異性後，對於可行性，心理勢必有所準備，也有了正確衡量的標準。清楚知道接下來可能會面臨的挑戰，能減緩遇到問題時的情緒波動，有利於執行運作上的順遂。

結論：用正向樂觀的態度，預設最壞打算，那麼遇到不好的事情，也就能泰然自若了。

三、資源評估

當你將核心價值擺在大環境下評估趨勢走向後，會發現自身的優勢與劣勢，就可以透過優勢與劣勢找到「擁有」與「缺乏」的資源，若是這邏輯思考沒有助你找到優勢與劣勢，那我苦心勸告，無論是創業老闆，還是高階主管，可能還沒搞清楚狀況，想必不管做什麼，都呈現混亂的狀況吧？

古人作戰云：「三軍未動，糧草先行。」戰爭就是消耗資源的開始。經營公司與帶領團隊亦是，計劃執行或專案啟動，同時代表每項支出與時間成本開始消耗，需要仔細評估，把資源消耗精準化。想到什麼做什麼、心血來潮就變換目標，會造成後勤支援跟不上，還沒起步就注定會失敗。

清楚知道自己「擁有」與「缺乏」後，便要開始思考如何將「擁有」放大，去填補「缺少」的資源。資源區分爲兩種，一種爲「人力資源」，一種爲「財務資源」。你需要什麼樣的人來協助你完成？能給你帶來技術、特質、金錢與人脈，或是經驗上的協助，如同槓桿原理般減輕各項危機的負擔。至於財務資源，需要多少資金？能夠維持多久？風險準備的儲備金有多少？這都是透過核心價值，結合環境評估所產生的資源分析，能夠分辨當下到底缺了什麼？哪裡不順遂？該找誰協助，該優先做什麼事。辨別出每個階段該如何擬定方向與變化，讓執行任何事項都有了清晰的佈局，計畫也就由此而出了。

結論：每項支出與行動精準化。穩妥後勤換取運作空間，是經營事業的關鍵。

四、各項評估對領導者的重要性

為什麼一直強調各項評估的重要性？

第一，是爲了理性盤點手中可用的資源，才可精準執行計畫，依據盤點後的結果，擬定接下來的每一步，把計劃落實，過程還可降低沒有勝算的行爲。

第二，便是之前所述，爲了「情緒穩定」提供必要的支撐，通常評估越廣泛，情緒越能維持穩定。我們在職場上常常看到那些情緒管理不佳的領導者，往往口中都會說：「爲什麼會這樣？」之類的質疑問句。但，試想過爲什麼會發生這樣無所適從的情況嗎？原因很簡單，就是超出預期而產生了情緒。所以，評估也是爲了降低意外的發生，使情緒管理得以被支撐。「情緒」是人天生具備的情感，像是憤怒、憂鬱、嫉妒、不平……等等相關負面情緒，均會影響行爲思考，使判斷出現偏差。市面上，雖然許多管理情緒的課程與理論主張；「要認爲自己可以妥善地控制好情緒」，但本書論述反而是「接受它，並且使用方法避免情緒的過度影響。」

分析完趨勢與資源後，整理出在執行項目中缺乏的人力與資金，依此推演後續要進行的項目，針對評估結果產生計畫，再由計劃預想風險、檢核點以及預備方案，減少出乎預料的情況，有助於穩定情緒。那些情緒管理很好的領導者，往往是分析評估與風險管理的高手。

結論：分析評估的目的，是為了清晰步驟與掌握風險。而清晰步驟與掌握風險的目的，是為了減少意外發生，進而避開情緒波動的因子。

Chapter 4
領導者需要這樣想

一、你達克了嗎？

一名好的領導者該具備什麼？其實並沒有正解，但我認爲「謙虛」是首當其要。這時可能有人提出不同看法，認爲應該具備堅毅、沈著、穩重、果斷……等性格不是嗎？怎麼想都不會是「謙虛」吧？上述那些個人特質，的確是領導者必須具備的性格。但是，如果你不想跟西楚霸王項羽一樣，在如此美好的局勢擁有蓋世之力並掌握天下，卻一路往垓下狂奔，最後於烏江自刎收場。那就必須好好思考，領導者該具備什麼？爲什麼項羽會有這樣的下場？原因在於「狂妄」，一個什麼都能靠自己完成、不相信部屬的人，最終卻敗在那些過去不被他重視的人手裡（陳平、韓信）。沒有人能夠獨自完成所有的事情，如果不夠謙虛，不懂得適時將機會與資源讓給其他人，那無所取得的他人，又怎會爲你效力？無人效力何能成事？如何成爲領導者？這是一連串的問題。

西方學者提出一個理論，爲「鄧寧、克魯格」效應，又稱「達克效應」（註一）。意謂，能力越差的人通常比一般人更有莫名的優越感，有自己比別人優秀的錯覺。這類的人，會在獲得一些知識後飛速的自我膨脹，認爲已經懂得非常多了，然後開始試圖影響他人，且固執地相信所學的知識一定是對的，對於寬容與理解他人這部分的感知大大降低，這階段稱爲「愚者之巔」，會有以下幾種現象：

1 通常容易高估自己

2 無法認知他人的眞正水準

3 無法知道自己的不足

作爲領導者的你，如果進入「愚者之巔」，自然會覺得所有人都不如自己。如果曾聽過主管感嘆：「都沒人可以用。」想必就是進入愚者之巔了，無法善用部屬會使團隊加速崩解。所以我常常會開玩笑地詢問：「你達克了嗎？」就是要提醒掌權的主管們，不要進入愚者之巔。

前面提過領導與管理是分開的，眞正的領導不會只是專業上的管理，更多在於與人相處，甚至會跨部門、跨專業領導不同性質的人，唯有「謙虛」的服務心態，才有辦法領導衆人，成爲領袖。

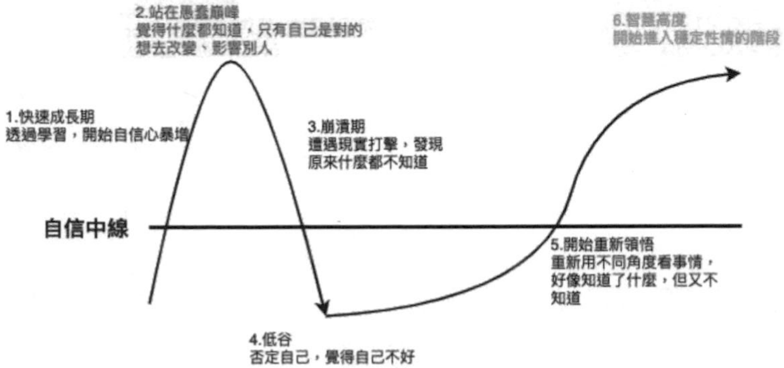

達克效應曲線圖

結論：謙虛與自省是抑制達克效應的方法，當然接受批評也是同樣重要的環節，領導者必須時時提醒自己。

註一：「達克效應」爲鄧寧、克魯格於一九九九年提出的論點，主要強調能力差的人無法認知自己的不足。此篇以用此論點論述。

二、如何恰到好處的用人

用人，全天下最複雜的事情之一，光理論便能找出千萬種教你如何用人的方法。但本書並不主張那些複雜的論點，依舊從「心法」的角度去看用人這件事。過去我曾在一間行銷公司任職，報到時就感到奇怪，聽說在我到職前兩年內，原本的二十幾名員工陸續離職，一開始沒想那麼多，認爲可能公司正在重整期。但隨著時間推移漸漸發現眞相，這間行銷公司最致命的問題，就是老闆對於員工極大的不信任，口裡常常碎唸道：「員工腦，一群員工腦。」不時還在那感嘆：「我渴求諸葛在世能夠助我力挽狂瀾。」

與這位老闆共事的體驗很糟，無論你提任何案子，都會在三分鐘內被否定，理由是，老闆過去嘗試過了。對於一位六十五歲的長輩，有什麼他沒想過？沒有做過？況且成功的因子包含天時、地利、人和，同樣的方法也可能在不同時空下產生不同結果。大約十幾年前，某位朋友提出外送平台的概念，在拜訪一堆老闆與前輩後，這個創意的想法被無情否定，沒想到事隔十幾年後，外送平台成爲最大的商機。網路資訊的運用與時空背景不同的情況下，同樣的方法在十幾年後成爲最好的商業機會。爲什麼會這樣？在於時機點不同。

所以，有能力的人，不完全靠掌握如何做事的要領，還有看準時機的本事。這行銷公司的老闆，有著極高的社會地位與經驗，早已經進入了「愚者之巔」，導致用人的角度有問題，最後達克效應發生，團隊崩解，我當然也沒在那久待，早早提出辭呈。

一個領導者，如果一直認爲沒有人才可用，那勢必是領導者的問題。原因很簡單，沒人可用這句話，光邏輯上就不可能，是領導者看人眼光決定無人可用。現實問題是，多數老闆或主管並未受過正規的企業經營訓練，過去可能是靠專業技術或工作能力被提拔。因此，他們習慣用自己的視角來找人才，變成人人都得跟自己比，導致用人上出現兩個盲點：

1 拿自己的經驗與強項作爲標準，那任何人自然就顯得沒什麼了不起。

2 對於自己不懂、無直接相關的經驗與技術，壓根不重視也不尊重。

如此，你當然找不到人才。

我從第一章節便不斷強調，領導者是發自於內心的一項修煉。

「領導的是自己，管理的是他人。」，若是能從自己的弱項爲出發找人才，便會發現四處都是人才。而人才又區分爲兩大類：

1 能爲自己提供技術與資源的人

2 能爲自己提供特質互補的人

當完成趨勢評估與資源盤點後，會找到在執行計畫時可能出現的缺漏，如資金貧乏、缺乏相關技術……等，便能依循問題去找對應的人才來協助自己，再來針對個性、特質找團隊夥伴。例如個性比較優柔寡斷的人，就必須有個很會分析、果斷的夥伴協助，彌補彼此性格上的弱點，才能在遇到問題時，有機會產生多元思考。

用人就是一段檢視自己的過程，認清本身的不足與弱點，並藉此來尋找幫手，用這樣反向思維去看人，會發現人才滿街走。前段將人才分爲兩大類，現在我來分享用人的四個層次：

1 下等：依據喜好，把人一個蘿蔔一個坑的放進去，逼其做事完成目標

2 中等：把對的人放在對的位置上任其發揮，達到選賢與能的成效

3 上等：以自己爲出發，針對不足來選擇輔助的人，發揮他人能力來完成目標

4 極上等：引導中等主管成爲上等思維的主管

以上四種用人層次顯示領導者的度量，昔墨子有云：「好的人才雖然難以駕馭，但他們卻給予君王帶來尊重，因爲海也是廣納百川，才能成爲汪洋般令人敬畏。」人才不難找，難的是面對自己複雜的內心情緒，能否容納人才？

結論：用人核心關鍵在於自省，如果不知道本身的不足，永遠物色不了人才。

三、如何組建團隊

講到團隊組建抑或找員工，追根究底就是希望找到能爲組織提供能力，並創造營收的正向循環。但是，組織用人一直是各企業與團隊解不開的難題。你知道原因嗎？關鍵在於找人的出發點、以什麼立場去看人（是來協助自己？還是純粹來做事？）其實很多人都搞不清楚方向，最後只看學歷，或那些經歷看似豐沛的人。更糟糕的是，認爲只要聽話、穩定就可以了，這可是非常大的錯誤。

周朝剛建國時，姜太公被分封至齊國，當時那裡可是化外之地，非常難治理。姜太公抵達後，遍訪當地名望之人，終於探得名士「華士」。太公三請華士擔任朝廷官職均告失敗，於是太公便將其殺之。周公聞訊後不解，便詢問爲何如此決斷？太公其意在：「有名望之人若是不能用，就等同沒能力。」在此我們先不討論政治議題，而是以故事爲借鏡，表明一個事實——學歷再好、經歷再豐富，如果不能提供組織「適當」的支援，等於沒用。那什麼又是「適當」的支援呢？

1 彌補領導者個性上的不足（參考第六章）
2 提供領導者在特質上的缺乏（本章後續論述）
3 運用專業支撐組織

再提個問題，一開始如何判斷「適用」與「不適用」？還是只能先看學歷與經歷不是嗎？首先強調，在這並不是否定學歷與經歷，而是在這兩項之外提供不同的思考方向。人會因爲時間環境而改變，因此用人也會依據時間環境有所調整。再來談談面試的重要，回想一下，平常怎麼面試的？面試方式會決定人的契合度。

面試官掌握權力，主導人事，若是沒有領導者修養，往往演變單面向的選才。仗著過去經驗與熟悉領域，去考驗面試者相關實戰議題，本身就不公平。我們換個思維，把面試當作是一場「合作」的交流，如何？相互驗證彼此的價值觀，就有機會找到有助於組織的人才，在此提供一些想法。

面試方表明：

1 公司願景與使命

2公司的短中長期目標
3公司如何達到目標
4公司的戰略合作夥伴有哪些
5公司歷年成就

受試方論述：
1從面試方獲取的資訊？
2針對計畫提出自己能發揮的能力
3自我介紹（經歷與專長）

以上對談，比起學歷、技能這些單方面的審試，來的更有效益，能促使雙方更深一步的認識。唯有把員工視爲工作夥伴，才有機會找到「適性」的人才。

上述偏向如何找到在專業技術上能夠提供支撐的人才，但如何針對領導者的個性找到適性的人？若有讀通本書一、二章節，那一定知道答案了。唯有「自省者」能發掘協助自身的人才。領導者並不是完美無缺的人，性格上一定會有情緒化的時候，思考上也會有不足的地方。因此，想要一個體質好的公司或團隊，其核心組成通常要有以下七種重要特質：

1 策略者：能討論大方向與政策，透過分析與謀劃，佈局階段目標，並掌握發展期間的風險與進度

2 先驅者：能帶領團隊，如同老闆分身，指揮眾人完成任務

3 執行者：執行力強、效率佳，對於交辦事項使命必達，善於解決疑難雜症

4 糾錯者：對錯誤直言不諱，對於問題特別敏銳，能夠提早發現，即時預防。（一個組織健康與否，可觀察團隊內聲音是否多元）

5 教育者：對傳承與教育有一定熱忱，能培養、提拔人才，爲團隊提供生力軍

6 技術者：供應特殊專長技術，是支撐團隊發展的關鍵

7 堅守者：唯法是從，毫不妥協，維持團隊穩定的關鍵

領導者身旁就算沒有七種人，也要想盡辦法讓七種特質出現在團隊內，促進團隊全方位發展。這些都是學歷與經歷無法帶來的。

結論：把員工當夥伴，把面試當合作，看人角度不同了，員工也會不同。

四、Y變形

本篇綜合一到四章爲止的「心法」，統整出一套團隊建構的邏輯，稱爲「Y變形」。Y變形其來源是Y模型，當初學到Y模型後，便覺得Y模型系統在思考上不夠詳細，便透過自身研究，修改成新版的Y變形，可以用來解釋團隊組成的過程與演變。其依循邏輯如下：

1 確定內在「核心價值」：由「外在價值」與「內在價值」交叉評估而來。
2 用「核心價值」去評估「環境趨勢」與「掌握資源」：列出優勢與弱勢。
3 透過分析出來的「趨勢」與「資源」，找出能給予他人的「外在價值」：再進一步去媒合可合作的對象。
4 依據「弱勢」去找到「適性」的夥伴後，進入磨合與商業模式調整。
5 找到可營利的商業模式：經過測試後，帶來穩定收益的商業行爲。
6 持續複製與放大：擴大已穩定的商業規模。

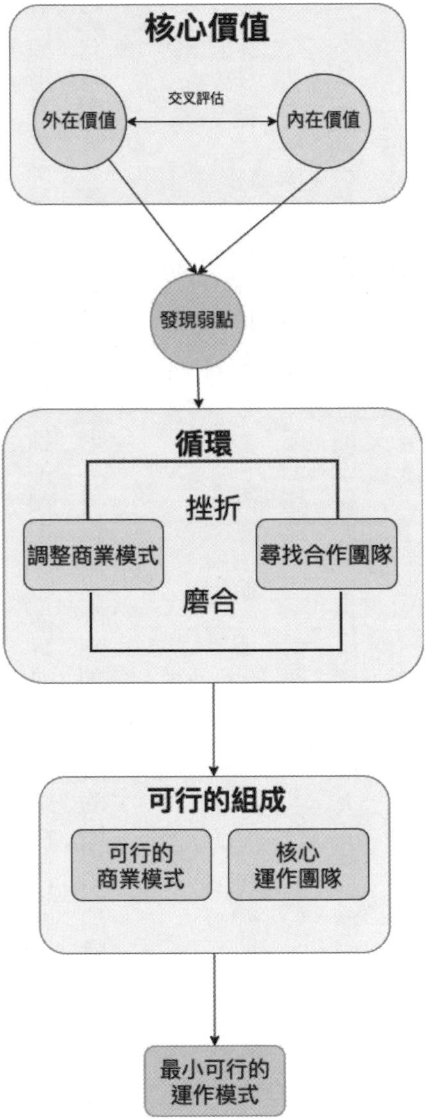
核心價值
交叉評估
外在價值
內在價值
發現弱點
循環
挫折
調整商業模式
尋找合作團隊
磨合
可行的組成
可行的
商業模式
核心
運作團隊
最小可行的
運作模式

Y變形示意圖

五、天秤理論

面對團隊，領導者到底該採取什麼態度？這是許多領導者感到困擾的問題，於是就靠感覺判斷，有時想偏了，導致團隊內部出現矛盾。領導者在團隊運作過程中，導入過多個人價值觀，會導致一切運作皆取決於領導者的喜好，漸漸的提高團隊成員相似度，使多元化降低。失去多元化的團隊會出現決策單一化問題，面對危機的處理能力也會大幅下降，削弱於無形。

可能有人會疑惑：「我身爲領導者，不就該以我的中心去發展嗎？」嚴格說起來沒錯，但偏偏團隊最大的危機往往源於「領導者瘋狂地執行自以爲對的事情。」

單論對錯是狹隘的價值觀，往往是阻礙團隊前進的絆腳石。

「領導者應該把目光放在結果上。」，過去諮詢許多領導者時，會發現某些領導者習慣把目光集中在過程是否一致，並誤認那就是所謂的團結，殊不知那只是滿足了自身的控

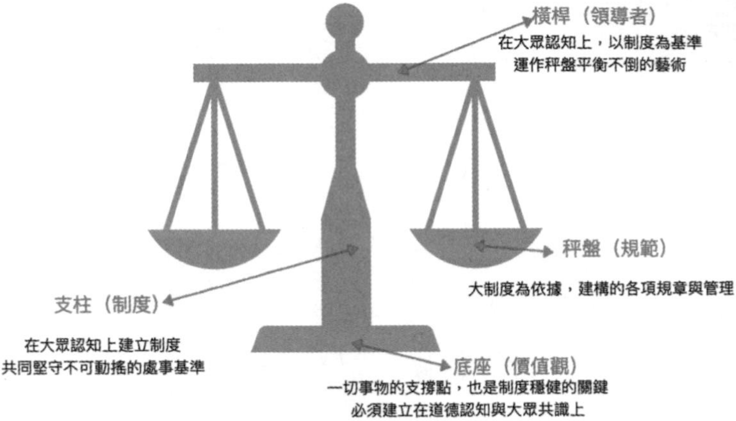
橫桿（領導者）
在大眾認知上，以制度為基準
運作秤盤平衡不倒的藝術
秤盤（規範）
大制度為依據，建構的各項規章與管理
支柱（制度）
在大眾認知上建立制度
共同堅守不可動搖的處事基準
底座（價值觀）
一切事物的支撐點，也是制度穩健的關鍵
必須建立在道德認知與大眾共識上

天秤理論示意圖
（領導者與團隊關係）

制慾望，對團隊毫無助益。不是說過程完全不重要，而是要重視彼此間的差異性，只要不是影響結果與進度的認知差異，都可以有限度地放手。

領導者與團隊之間的關係，除非一開始規定好的管理規範外，只要目標一致，行爲上應該沒有所謂的標準答案。每個領導者都有各自的個性與渴望，像是在衆人之上的成就感、能指揮他人的權威、教育他人的滿足心態……等。無論如何，都應該避免這些渴望。盡量以上帝視角去觀看，缺什麼就補什麼，少什麼就做什麼，以此維持團隊間的「平衡」，才是領導者與團隊之間最適當的關係。

在此提出一個新理論，用簡單的天秤來解

釋制度、規範與領導者關係的「天秤理論」：

底座（價值觀）：天秤的根基。任何制度的建立，都不能與大眾的認知相差太遠。

支柱（制度）：連接底座並支撐橫桿的中立支柱，維持天秤不垮的絕對存在。

秤盤（規範）：裝載器具，也是衡量事務的基礎，意指爲制度下的「辦法」、SOP，以及資源分配運用。

橫桿（領導者）：維繫兩側規範之間的平衡，不偏不倚的量準、仲裁工具。

建立制度時，絕對不能違背大眾基本價值，而領導者的角色在於，利用規範達到不同派系的平衡。任何人都不能凌駕於大眾價值觀與制度，如此才能使天秤維持平衡，達到組織健康。

結論：領導者也是制度中的一員，而維持平衡是領導過程中的唯一工作。

Chapter 5

SPI領導條件，
領導天下的秘招

前四章分享許多領導心法及觀念，主要是在探討，世道上的一堆招數無法學以致用的原因。因爲他們把領導核心原理越攪越亂，卻沒有去注意眞正該修煉的環節，導致一堆方法學了也派不上用場。

我在前後十餘年的觀察與研究下，提出「心法」大於「技法」的論述。

其實，只要具備強大的「心法」，多數「技法」便可以無師自通。

可是，到底有沒有可以適用於任何環境的領導理論呢？

這就是本書的重點了！

「SPI領導條件」的建立可以做到。

讓我們一起探討SPI的主軸——一套駕馭人心的強大「心法」。

一、團隊紛爭的原因

談到領導與管理，就一定得探討爲什麼會需要？若每個人都願意自動自發，壓根不需要這些繁瑣的管理規則？對吧。是否曾經這樣想過，事實上，人本身就是一群較爲利己的動物，這也符合生物的習性。自古以來人類與其他動物就沒有什麼差異，都是爲了生存而爭奪資源，歷史大多也圍繞著「資源」在運行，唯一不同的是，人類會「累積」資源，這也間接導致人與人、族群與族群之間產生了強弱高低之分，隨著人類部落化後，形成了許多管理方式，以求達到資源掌握的目的。

所以領導者管理的就是資源，而員工計較的也是資源。

領導者手上的資源就是員工爭搶的財富，像是薪水、職位、榮譽、成就感、特權……等等，不同類型的人會想爭奪與累積的項目不同，如何開發、分配資源就是領導者最重要的工作。

這也是之後SPI運作的核心觀念之一——「看好你的資源」。

一個組織裡有派系是很正常的，因爲「物以類聚，人以群分」，人會與自己相近的人靠攏。如果一個組織裡沒有派系，那原因只有兩種，第一，是組織小到沒派系。第二，是領導者自認爲沒派系。再加上，工作上一定會因爲任務而區分不同團隊運作，彼此間就會產生比較，進而發生爭奪共同資源的情況。

假設今天分別有A與B兩個部門主管，當以下兩個情況發生時，爭鬥就會產生。第一，資源分配不均勻。第二，有人的野心超過你能給予的資源。當上述兩件事情發生後，若是A試圖要搶奪B的資源，不可能直接衝突搶奪，畢竟是文明社會，有規矩與制度的約束，所以必須透過其他手段來摧毀制度，像是中傷、拉幫結派、造謠等手段，最終目的是爲了影響領導者做出錯誤的判斷，改變原有規則，將制度調整成對A有利的方向，那A主管就可以掌握更多資源，獲取內心渴望的滿足，擴張他的影響力。還有種更壞的情況，就是領導者被煽動後，自己加入了某個派系去爭鬥，那團隊必然越發混亂，導致組織發展漸漸形成一言堂，失去多元化的團隊勢必會受到削弱。因此才會一直強調，領導者要能穩定情緒以及保持上帝視角，才能避免團隊紛爭，透過知識的累積、透過「心法」當基底才能辦到。因此，還能不慎重看待嗎？

結論：團隊紛爭是正常現象，組織有派系也不奇怪，重點是領導者不要陷進去，資源分配得宜，那這些派系也就無傷大雅了。

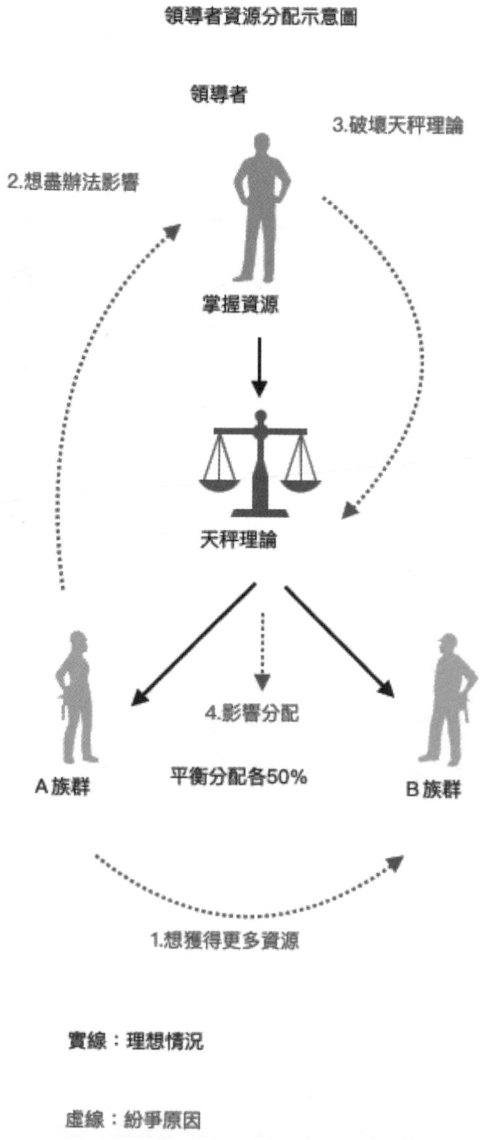

二、後天也能成為領導者

很多人常說，領導者是能夠引領衆人向前的人。但我常想反問：「向前去哪？」如果一個領導者帶你跑一場沒有終點、收獲的賽跑，又有誰會跟？領導者是造夢高手，會跳出來告訴大家往哪走，終點有什麼美好等著大家，所以也是驅動慾望追求利益的高手。因此，只要清楚這背後的核心觀念，便會知道「擁有資源者，就可以成爲領導者。」夫妻之間彼此有夢，朋友之間彼此有共同嗜好，合作之間彼此有利，每個人都在生活之中發揮領導能力，差別在於規模大小，夢想大的影響夢想小，資源多的影響資源小的，主從關係也由此分歧，所以本書強調「誰都是領導者」，誰都可以透過鍛鍊成爲「後天的領導者」。

「先天的領袖，後天的領導者。」是我要給所有人的定義。

只要懂得領導的眞諦，就可以是領導者，而眞諦就在於「資源的分配」，懂得運用它，便可能是優秀的領導者。爲什麼用可能？唯一風險就是無法確保掌握資源的，都是「有修養」的人，過往才會有那麼多在「領導」上爆發爭議的案例。針對上述這些問題，學界就有不少的前輩，想出許多論述，試圖詮釋如何成爲眞正的領導者，但卻還是無法有效地指出癥結點，爲什麼？因爲領導關係本身就很複雜，很難釐清每個環節之間的細微問題。所以，眞的誰都可以領導嗎？是否這樣問過自己？

其實答案已在之前提過了。做不到的必然原因，就是「情緒」會影響你領導的品質。與人相處，必須要面對衆多不同性質的人，彼此間的計較與摩擦，導致領導者本身也會產生繁雜的情緒反應，而這些情緒偏偏在許多判斷與決策中，扮演關鍵的角色，最後因情緒把事情複雜化。但沒關係，本書重點就在於拆解這些問題，讓每個人都能夠輕鬆透過一個「心法」成爲上帝，用此視角觀看組織結構的問題，此論點就是本書重中之重的「SPI領導條件」。

結論：我們每個人都在發揮領導力，差別只是有無發現與意識，有無了解與發揮。

三、SPI領導條件

市面上很多關於領導的論述與技術，像是OKR、成功學、激勵課、教練式領導、性向測驗……等等五花八門的方式，常常無法學以致用，爲什麼？難道這些理論有問題？還是不夠熟練？其實每個理論一定有它存在的價值，必然是當初看到什麼現象，於是產生什麼理論，目的在於克服所見問題。但偏偏換個人用，就使不上力了，關鍵在於成功無法複製，因爲，每個人掌握的天時、地利、人和各項條件都不盡相同。

想要領導別人，成功施展各種領導方式之前，必須先評估是否有可以領導他人的條件因子，以正常邏輯來看，人不會莫名的服從另外一個人，領導與被領導之間一定有它的關鍵因子，只要找到這些因子，在不用任何技術的前提下，基本領導就已成形，而其它工具技術都只是加分。反之，這些原本該助於領導管理的工具，不僅會撕裂彼此的關係，甚至導致嚴重失和。而這關係就是「SPI領導條件」，一個讓你成功領導所有人的核心思想。

那什麼是SPI？

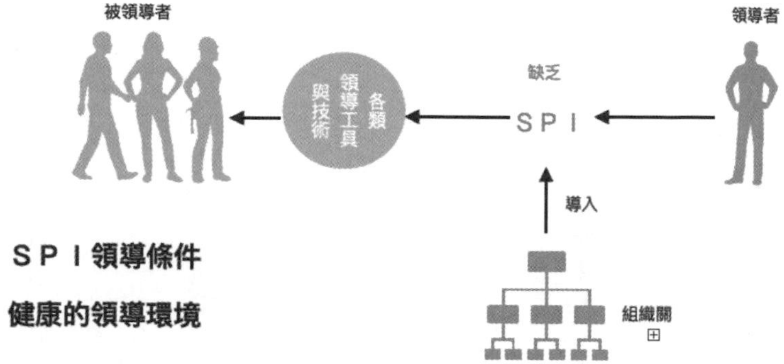

S（surrounding）環境：能產生約束的環境（約束力）

P（position）職務：能產生直接管理的權力（管制力）

I（interest）利益：能產生讓人追隨的誘因（驅動力）

SPI三項因子的完整與否，直接影響領導者在組織內的影響力。想在任何環境發揮影響力之前，先搞定SPI，穩定領導條件後，才能大大減少領導期間的各種阻礙。

SPI強調環境、職務、利益爲最大的關鍵因子，是提供給任何有意識的領導者，在評斷影響力後，了解接下來該朝什麼方向修改，而不是急病亂投醫，瘋狂推政策，最後搞得上下離心，組織崩解。

一個健康的領導環境，是優先建立對周遭的影響力，進而擁有領導力、降低管理過程的種種阻礙。而所謂的影響力，便是S（環境）、P（職務）、I（利益）的兼具，三者具則影響擴。然則，三者缺乏什麼，便去製造、補強，來完成「影響力鐵三角」。

我們試想，生活中的每個環節，是否都被這三樣因素影響了主從關係，無論工作職場上，朋友之間，親友關係，家庭問題，都跟隨SPI轉動，有時候我們認爲自己是理解了一個論點，但極有可能只是被影響了，服從在SPI下。

SPI領導條件，是存在已久，卻被長期忽視的重點，大多人都認爲是技術影響了成功的關鍵，但SPI的論點是另種思考，成功的關鍵是透過「條件的塑造」，技術只是輔助條件成立的工具而已。而SPI心法就是「塑造條件的邏輯」，可以用在人際關係，工作職場評估，組織設計，拆解權威，鬥爭，家庭問題等等，均能透過SPI去做基礎的分析，強化不足的領導條件，謂之造勢。

在有人的團體裡，難免彼此都會相互影響，而影響他人的關鍵，便是SPI所強調的三個因素：環境帶來的約束、職務帶來的管制、利益帶來的驅動。因約束而使人順從，因管制帶來行爲上的制約，因利益驅動讓人想要追求。透過三樣因子的發揮，形成三要素之間的平衡，稱爲「影響力鐵三角」。

要如何評斷自己是否可以指揮他人，或是，發言會被尊重、重視？得先問自己對於他人有什麼環境上的約束？職務之間有否有差異與管制力道？所闡述的論點，在利益上能給人帶來什麼驅動性？當思考「影響力鐵三角」之後，便會知道接下來該做些什麼。例如，強化一下環境的約束？或是強調身份地位取得優勢？提供更多讓利增加驅動？方向就明確多了。

然而SPI的環境、職務、利益，並非完全字面上的解釋，而更深化還區分爲「顯性影響」與「隱性影響」，下一篇章，將針對這SPI三個內容分別詳細解釋。

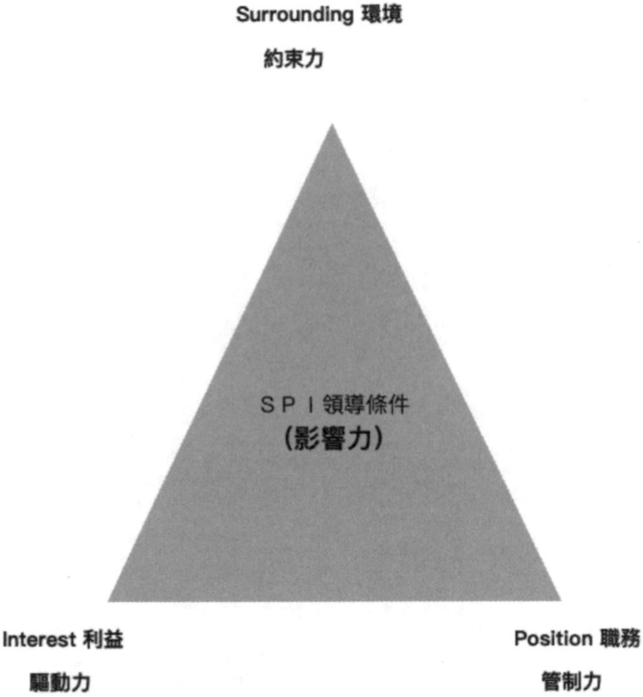
Surrounding 環境
約束力
SPI領導條件
(影響力)
Interest 利益
驅動力
Position 職務
管制力

影響力鐵三角

四、「S」環境約束

環境的約束力是非常隱性卻深根的現象，像是華人社會圈的儒家思想，從孔孟一路到理學的演變，社會階級制度深根至今很難突破。但若試著將這些理論去跟國外相比，會發現又不是這麼必要性。很多我們認爲理所當然的事，其實換了時空背景會有全然不同的解讀，可我們在社會結構制度嚴密的培育下，形成了固有的「框架」，導致不會去質疑深根的觀念，原因是「從衆效應」（註一）所造成。

「因爲大家都這樣想，所以這就是對的。」，害怕反對所帶來的非議。

到這，可能有些人會說：「這些我知道呀！以前在很多書裡都看過。」沒錯，很多書都看過，但本書理論並不是心靈雞湯與個人突破，是講述領導管理的書籍，反而要聲明「領導過程，必然得利用人類心理的弱點，去製造環境的約束力。」過去很多實驗證明，大多數的人會習慣順從，且此比例高達64％，令人驚嘆。市場上很多商業模式也是利用此弱點進行銷售，而領導也是如此，如何建立一個「必須」配合的約束力，這樣的環境對於領導者非常關鍵。

過去有個非常著名的實驗，稱之為「路西法效應」（註二）。由一名教授將二十四名大學生分兩組，一組為警察，並賦予武器與權力。一組為囚犯，被交代只能服從命令。爾後他們被關在完全擬眞的監獄裡進行實驗，起初這兩組人都相安無事，但在教授刻意安排的任務下，情況逐漸失控。沒想到扮演警察的大學生，已經開始會對囚犯施展暴力，很自然的行使警察權力。然在設計好的空間下，扮演囚犯的大學生不是反抗被壓制，就是精神崩潰退出實驗，最終幾乎完全失控，實驗僅僅一週的時間便宣告結束。這就是在環境的約束下，透過從衆約束而屈服他人。

適當的環境對於一個領導者來說非常重要，建構適當的環境是擔任領導的優先工作。那什麼是有利的環境呢？這裡還有詳細的區分，分別為「顯性環境影響」與「隱性環境影響」。

「顯性環境影響」：什麼是環境約束力？在顯性解釋下就非常簡單了，例如一間辦公室內就形成了約束力，當人來到了辦公室，就清楚這是一個工作場合，自然會做出應有行為。一間學校內就產生了約束力，來到學校就是讀書、學習與上課。還有一場演講所設定的空間、活動所設定的位置等，都是「空間」所帶來的顯性因子。還有夫妻之間共同居住的房子，大至房屋小至臥室，團隊組織之間的分組均是，一切讓人與人之間，在特定情況下相處在一起的，便是環境約束力。是每個領導者在帶領組織運作時，必須思考的。

「隱性環境影響」：至於什麼是隱性因素呢？凡在環境內有經過設計的一系列行爲，舉凡行爲流程、手勢、口號等等。環境內大多人都尊崇與執行的，也會在某程度上造成少數人心理上的壓迫，進而選擇妥協與服從，這便是隱性的約束力。

這邊舉個案例，當你參加一個團體組織的活動時，進入到的空間即是「顯性環境影響」，而之後所遇到的流程，衆人吹捧的氛圍，即是「隱性的環境影響」。簡單說，在那個時空環境下，你有可能會被大家的認知給影響，產生一定程度的心理壓迫，增加妥協的機率，這就是環境所造成的約束力。領導者也必須了解這樣的關鍵因素，像是沒有辦公室的業務團隊，當喪失「顯性環境影響」時，勢必要強化「隱性的環境影響」來強化約束力，這時團隊目標與團結勢必非常重要，也會被領導者一直拿來強調，其關鍵就是強化「約束力」。

結論：多數人的特質是具有框架的，有計劃地建構好框架，約束力便自然產生。

註一：從衆效應，又稱樂隊花車效應，意指受到多數人的思想或行爲影響，只要跟隨就可以享有現成價值，也被稱爲羊群效應。

註二：路西法效應，爲美國心理學家「菲利浦、津巴多」於二〇〇七年出版《路西法效應：好人如何變成惡魔的》一書中，所提出於一九七一年的史丹佛監獄實驗。

五、「P」職位管制

我們無法否認這社會充滿嚴密的結構性，只要是人，彼此間都會有個稱謂，例如職場上的主管層級，家庭裡的父母、兄弟、夫妻，團隊內各種五花八門的頭銜，學校的校長與老師、班長……等，而這些職位會帶來「直接管制」的效力，一般人潛意識聽到這些職稱便會有所拘束，再配合「環境」，效果更是加成。舉例，在公司聽到經理、協理、課長、組長，就會知道這是可以管理自己的人。在家裡聽到父親、母親、祖父母等等，內心便有孝道要遵守。在特定情況下我們會顯得順從，團隊內的領導都會掛上些頭銜，像是主任、襄理等，更不用說學校的校長與老師，班級中的班長、風紀。

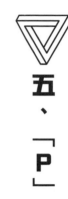

「職位可以直接帶來管制他人的權力。」

名正言順，師出有名，大意就是如此。如果沒有讓大家清楚誰是領導者，那誰又會聽誰的話呢？過去在協助一個團隊打造業務部隊時，老闆不願在第一批進來的人之間選定主從，反而不切實際的希望，團隊裡的所有人都能夠平等一致。起初人不多自然不會有問題，但人多了之後，老闆無法負荷，便產生許多管理上的眞空，團隊成員開始因爲觀念不同而產生許多摩擦，誰的問題？當然是老闆的格局不夠所導致。「名正言順」是發揮職務管制力的關鍵，再配合大衆多爲「權力服從」的性格，領導條件便能輕鬆建立起來。

關於權力服從，二十世紀中，有個「米爾格倫實驗」：耶魯大學教授米爾格倫，找了教授（權威），實驗者（受測人）以及配合者（協助測試）做的一個實驗。內容是讓實驗者去電擊不同房間的配合者，隨著配合者的哀鳴慘叫，讓許多實驗者開始質疑是否該繼續。但在環境與權威的制約下（過程中一再強調，必須配合實驗。）結果竟高達64%的實驗者會不顧配合者安危，不斷施以會令人致命的電擊，這也是著名的「權力服從研究」。

職務管制力如同環境，也區分爲「顯性職務影響」與「隱性職務影響」

我們先拆解「職務」這詞的範疇，「職」一字單單指工作性質的分類，「務」在名詞上爲事務或工作。結合在一起的「職務」，泛指由一個組織內部主要相似的職位所組成，並詳細分工後的結果。「顯性職務影響」指在環境、組織內明顯區分的職責，可帶來彼此間的管制力。例如組織內的主管類型，經理、課長、組長、董事長、主任、襄理等明確的職稱，讓人不得不接受被管制的關係，具有一定的管制力道。試問，一個班級內如果沒有風紀股長，就很難管秩序對吧？所以職務有其名正言順的效益，與管制力有直接絕對的關係。

若是提到職務帶來的管制力，一般人會想到的都是「顯性職務影響」但現實還有一種職務影響，看似跟你沒直接關係，但卻擁有莫大的影響力。例如，宗教相關的法師、牧師，課程上的老師、大師……等等，各種專家人士所配戴的頭銜，某程度上都造成「身分、頭銜等於權威」的「隱性職務影響」。看似與自身無關，卻讓人默默服從於頭銜之下，這也是一種職務所帶來的管制力。

名正言順是非常重要的，而職務能產生某程度上的管制力，使人屈服於頭銜之下。若環境塑造好再搭配職務的建立，基本上從眾效應與權力服從就完美結合起來了，對於管理將會降低許多阻礙。

結論：沒有誰會天生服從誰，除非經過設計，而職務便是在一個環境裡必須設計的環節。

六、「I」利益驅動

聊完環境與職務所帶來的影響後，最後要來談談「影響力鐵三角」的利益驅動。環境與職務所帶來的管制力道偏向強硬，可是人長期在屈服、壓迫下，遲早會反彈，俗話說文武之道一張一弛，賞罰均行的邏輯下，除了管制力道，還必須提供誘因，增加驅動性，提高人的慾望，進而忽視被壓迫的感覺，這就是「利益驅動」的關鍵。同樣的，利益也區分爲「顯性利益影響」與「隱性利益影響」。

「顯性利益影響」：這就非常簡單明瞭了，有錢能使鬼推磨，「錢到位了」一切就到位了，福利夠了，人心也就安了。在一個環境裡，只講夢想是不切實際的，老闆的夢想，通常不會是員工的夢想，導致上下心意不相通。利益的基本就是「自身的收穫」夠了，那驅動性就夠了。其他地方無法取得利益，會使人爲了珍惜現有的而努力表現，這是不變的道理。

「隱性利益影響」：這就是另個層面了，所有東西錢都買得到嗎？就算是，但自己就有那個資本買得起嗎？因此還有一種較爲隱性的利益驅動，便是「與衆不同」的待遇。每個人想要的不同，除了錢之外，還有些心理層面的渴望，像是權力、威望、被信任、被需要、被尊重、家的感覺、可以一展身手的舞台、能夠學習成長的環境……等等，滿足這些潛在因素，便可掌握「隱性利益驅動」。滿足感可讓人在選擇人生方向時，多點猶豫不捨，當人陷在滿足的幸福感裡，便會繼續接受環境與職位的影響。因爲部屬需要透過你所設計的環境條件，來獲得這些內心慾望，那利益驅動便落實了。

人不可能沒有慾望，不可能不想獲得，必要時，領導者要透過「犧牲」來獲得人心，看似失去，其實是獲得了人心與名聲。反之，若是對方的慾望超過你能給的，勢必影響不了對方，相對的也不容易管理，除非能靠環境或職務的加強發揮，否則對方遲早會離開，即使留下了，在組織裡也不好運用。

結論：利益驅動的發揮，可以淡化人被操控的反抗心態。加上因為獲得而內心的滿足，來提高工作能力與團隊向心。

七、SPI思考解析

掌握「影響力鐵三角」的關係後，便能形成SPI領導條件，降低領導過程中的困難。但現實中一定都能同時具備SPI三樣因素嗎？其實大多時候是無法同時兼具的，因此你要能夠「因地制宜」，依據手上的資源與環境，適時調整，使其創造符合現況的SPI。接下來兩個篇章會提供許多關於SPI的邏輯解析，以及實際運用過的經驗，讓大家更清晰「SPI領導條件」的心法，以及該如何運用。當你開始熟練SPI的領導條件後，便會發現，這是一套可以運用在生活中任何環節的強大心法。

SPI邏輯心法

1 掌握「影響力鐵三角」，基本上誰都可以被領導與管理

2 無法掌握「影響力鐵三角」時，某程度便要強化可掌握的因素

3 SPI無法讓你領導全部的人，但能讓你清晰知道什麼情況下可以影響別人

4 對方不聽指示，是因爲條件缺乏，大多時候跟你個人無太大關係

5 創造可以領導條件，再進行管理

SPI與家庭關係

我們就用SPI來拆解一下家庭關係吧。為什麼在小時候父母對我們的約束力會比較強，而到了長大後會自然變弱？其實原因大家都知道，就是我們長大且獨立了。然而，用SPI來解釋，更可以清楚了解領導條件之間的變化。在我們還是孩童的時候，本身並沒有生存能力，沒有辦法在生活產生自主性，無論食、衣、住、行、育、樂等，全都要靠家裡支撐，這現實導致父母完全掌握SPI「影響力鐵三角」導致你必須服從，那此時分別為：

S（環境）：「家」便是環境的約束力，沒有生存能力而必須住在家裡，所以必須配合家主的規則。

P（職務）：「父母」其實就是一種職務上的管制力，儒家思想文化深植人心的影響下，對父母所需遵循的行為模式，是從小在教育過程中，不斷植入的思想。

I（利益）：一切生活開銷，以及教育所需的費用，全仰賴家裡來支出，這便是不可否認的利益驅動，驅動你必需接受一切而獲得想要的利益。

而當你成年長大之後，正常來說父母對你之間會失去S（環境）與I（利益）的環節，因爲SPI不足導致影響力下降。成年後，我們通常會搬出去住，自己賺錢支付生活所需，導致領導條件難以維持，就不得不放手讓孩子自由去發展。通常這時候，如果父母還想要將孩子掌控在手中，相對就會特別強調P（職務）所帶來的影響。我們可以常常聽到一句話：「我是你媽耶！」、「父母爲天」等等之類的論述，主意是在強化P（職務）的影響，來彌補S（環境）與I（利益）的不足。

我們可以反向去推演，當一個本該獨立自主的成年人，若還非常服從家庭，會有什麼原因？通常不是住家裡，造成S（環境）約束力存在。就是家裡有持續經濟上的支援，使I（利益）無法切斷。或者還有一種可能，就是從小就把P（職務）透過教育給強化了，

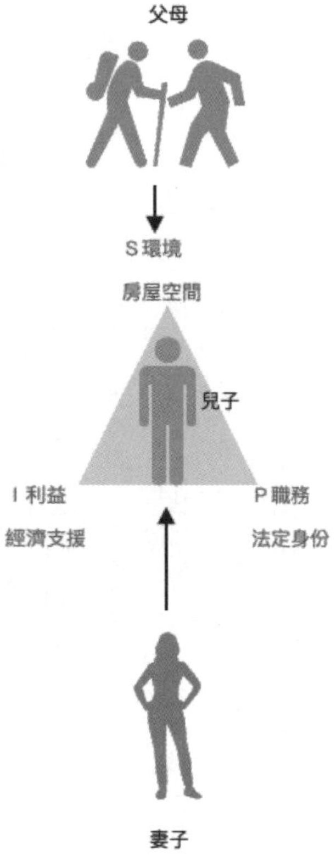

如圖：妻子與公婆之間，對孩子的影響力取決於這三樣的比例。

導致無法脫離影響力。以此，當父母若是想要永久掌握孩子，或是想在夫妻間獲得主控權，都得對人際關係實施SPI分析，確定擁有適當的「領導條件」後，才有立場去要求對方配合自己，這邏輯也可以用來應付公婆唷。

SPI與工作關係（公職體系）

至於SPI運用在職場上，是再適合不過了。通常職場上區分為三種環境，分別為「公職體系」，「業務體系」以及「專案體系」。之前提過不一定在什麼情況下都能掌握「影響力鐵三角」，而當有不足的時候便要補足，或是強化其它可掌握的項目，依舊能創造出領導條件。一般公家機關與軍警等體系，分別擁有SPI的哪些項目？我們針對公職先來討論。

S（環境）：基本上，公職體系的環境約束力相對強大，因為都有固定的上下班時間，以及明確的工作規範，具備完整的顯性與隱性環境條件因素。

P（職務）：公職體系職位階層非常鮮明，有潛規則在運作升遷機制，職位管制力道強。

I（利益）：公職體系薪水較穩定也固定，因此利益驅動相對低。雖然依舊有考核獎懲，但通常在長期靠人脈運作的公職體系裡，考績、升遷都有其固定的操作模式，薪水還由國家所發，導致利益驅動相對薄弱。

經過SPI分析後，得知這樣的環境容易掌握S（環境）與P（職務）的影響，卻不一定能夠獲得利益上的驅動。在不了解SPI原則的情況下，想強化領導管理時，必定會在職務範圍內嘗試擴大影響力，容易導致在公職體系中唯一可變動的P（職務）因此被放大扭曲，容易在組織結構上產生派系，以及加深階級觀念，扭曲一個正常的運作環境。

若是明白SPI之精髓，便會知道，若試圖在正常健康的情況下擴張領導力，一定得先思考未能掌握的環節：I（利益）的拓展。於是思考線會從考核、獎懲、升遷三個方向去調整，建立起客觀公信的評核辦法，並把絕對權握在自己手中，強化了組織內成員對利益的渴望，便能重新掌握「領導力鐵三角」、掌握SPI條件。

SPI與工作關係（業務體系）

談到業務體系就不同了，我曾待過嚴謹的公職體系，也去過業務體系服務，兩者基本上是天差地別的遠，管理起來自然也大不相同，比起公職體系，業務體系的領導者在管理上，更講求願景與個人魅力，市面上一堆相關技巧的論述，大多也是針對業務主管的困境所設計，但通常無法落實，因爲在未建立適當的「領導條件」前，管理依舊會非常困難。

那業務體系的SPI又該如何拆解？

S（環境）：業務團隊通常對環境約束力道較小，畢竟工作性質關係，大多成員都是獨立運作，彼此缺乏環境約束。

P（職務）：業務團隊雖然有職位區別，但內行人都知道，那只是個稱呼，實際管制效益並不大。

I（利益）：業務團隊靠的就是龐大的利益來維持關係，無論是底薪＋獎金，還是無底薪＋高抽成，這是唯一能掌握的驅動性。

當我們分析完成後，便會淸楚知道在業務體系裡，環境影響顯得較爲薄弱，但依舊可從「隱性環境影響」發揮作用。很多業務團隊會實施培訓，各種大會、表揚以及不斷凝聚共識，目的就是爲了植入從衆效應，強化「隱性環境影響」，大大擴展S（環境）的約束力。而提到職務，通常業務體系的職務背後代表的不是權力管制，而是利益。像是襄理、主任、總監……等等，其背後代表的是收入，實質職務並未在權力上展現效力。以此，業務團隊會透過分組來強化P（職務）的力道，順便加深S（環境）的約束力。至於利益部分，一個團隊產生幾個明星業務，代表團隊業務能力的強大，賺的錢夠多，只要加入便可能成爲明星般的存在，而這些明星其背後的關鍵是I（利益）的發揮，驅動人想要追隨、甚至超越，獲得更好的收入。這也可以解釋爲什麼業務團隊大多會炫耀生活差異、知識收穫，夥伴間的羈絆。眞的是如此嗎？業務團隊奉行許多激勵課、成功學等理論，無疑都是爲了強化SPI的各項環節。若懂得SPI原理，自然能夠擺脫從衆效應，活出自我。

SPI與工作關係（專案體系）

現今社會型態改變，過去那樣大型的企業已經不易產生，加上自媒體時代來臨，取而代之的，會是各方專業人士所組成的團隊，這是趨勢。尤其疫情爆發後，很多工作型態被迫改變，例如遠端開會與工作、自由的上班時間等，導致傳統辦公室或是組織結構不一定適用。此情況對領導幹部而言，將會是重大的挑戰。但只要釐清SPI領導條件的原理，會發現其實沒有那麼困難。我們先來分析看看：

S（環境）：專案合作模式，除了定期開會，並無過多相聚時間，環境的約束力自然會下降，甚至無效。

P（職務）：專案合作中，人人身分均爲平等，因此很難有效地發揮管制力，導致運作上容易有分歧。

I（利益）：唯一共同利益，便是合作後產生的利潤、名聲的累積，但因爲每個人要的不一樣，所以很難聚焦。

以上，看似專案合作的模式會導致SPI無法建立，理應會造成管理上的困難。但若以此例子來分析，會以清晰的工作分工與流程，妥善分配給不同夥伴，並以絕對的責任制來綁定相關人士，用此將P（職務）給綁定責任化，再由之間選出總負責人來控管進度，如此P（職位）的效果就可以發揮，而責任制在與利潤與名聲綁定下，也順帶強化I（利益），看似沒有影響力的專案合作模式，也可以輕鬆掌握P（職務）與I（利益）兩大影響力，最後在看需不需要刻意設計環境的影響，如此「影響力鐵三角」就成功建構起來，管理效果也會產生。

SPI與生活哲學的關係：生活中都在用，卻沒人知道的藝術。

本書開宗明義提到，領導學爲人際關係學，更是二十一世紀必學的顯學，只要與人相處都會發生領導行爲。每個人都有影響力，因爲人與人之間都會有SPI三者關係，不然你不會與他有所互動，而在一個空間裡，必須相處的兩人，則會被彼此的影響力消長，決定了兩者之間的關係。而影響力的關鍵，就是SPI領導條件的建立。

如何證明每個人都有影響力？試著在一個環境裡要大家拍手，一群人在開始拍手的過程中，會漸漸的頻率一致，這是社會全體自然同化的現象，我們都存在影響與被影響的關係。但問題來了，誰來下達拍手這個指令？爲什麼他影響力夠強能下達指令？關鍵就是這人掌握了SPI，因爲掌握了環境的約束力、職位的管制力、利益的驅動力，發揮「影響力鐵三角」，注定會成爲一個群體的領導者，而搞清楚SPI的關係，便能在管理過程中找到那些不容易發現的問題。

任何環境都能夠將SPI建立起來嗎？答案是不行的。要清楚一點，SPI並不是讓你管住全天下的人，而是讓你能領導全天下的人。人有千萬種，領導方式也不會只有一種。管理可以學，領導是靠機會與修煉。平常無法領導部屬，或是與周遭親友相處上常處於弱勢的人，可透過SPI理論去找出問題並改進，也可以適時地了解情況，明白時機並不掌握在自己手上，方可退一步，穩定情緒、等待機會。這才是SPI眞正的價值。

SPI的思考哲學：化繁爲簡的思考模式。

SPI還可以運用在思考與分析，建立自己的獨立性，避免被他人利用。分享一個眞實案例，之前輔導一名老闆時，該名老闆對於未來的發展方向呈現茫然，因此陷入了低潮。

那時被市場一些激勵課的學員帶去說明會，聽了講師演說後，在他人慫恿之下，報名了激勵課程，希望透過人生探索來找到目標。我得知後感到非常震驚，因爲他需要的不是探索人生與激勵，而是明確的策略佈局。接著我就透過SPI分析，讓他知道自己正服從於權威之下，並不是眞的需要那些理論。我們來拆解一下：

S（環境）：銷講環境，將你封閉在一個空間裡，透過音樂、主持人引導、樁腳配合等一系列設計，讓你漸漸失去判斷，產生從衆。

P（職務）：講師通常透過行銷，設計出一些頭銜與經歷，例如大師、宗師、教練、師傅、教授、權威。再配合引導、建構一些教條式論述，這些準則再配上頭銜，就是隱性的管制力道。

I（利益）：通常是遇到問題才會去聽那樣的講座，人生煩惱大多是工作與感情，再配合樁腳的誘發，讓你從這團體與講師中，產生解決生命問題的可能性。

這樣細解後，就會清楚這是一套商業模式，說穿了就是賣些知識而已。不是說知識的課程不好，而是不一定需要。因爲我也曾經當過銷講主持人超過一年、歷經的場次破百以上、拿過六成以上成交率，所以我著實清楚這背後的套路。於是，我與那名老闆說道：

「如何破除權威與驗證理論的實用性，首先把講師身上的SPI給拿掉。冷靜後，再去細細思考這理論是不是你要的？」如果真的那麼厲害，何必花錢砸廣告呢？直接去人多的地方拿個大聲公直接喊，不就可以找到一堆人去上課？事實上，大多時候他們只能在設計好的環節下發揮出功用，那是拜SPI所賜。他們使用的很好，可惜不懂箇中道理，還以爲是那些理論造成的。聽到這，老闆頓時恍然大悟，仔細思考後，非常確定現階段根本不需要這門課程。運用SPI思考，便能保持獨立性。

SPI運用於行銷的思維：領導你的客群。

SPI是任何與人相處都通用的心法，只要融會貫通，很多時候都能妥善運用，像是行銷邏輯也是如此。市面上很多行銷的運用工具，例如行銷九宮格，4P與6P分析等，就算分析出結果呢？該怎麼佈局？我們不解釋這些老生常談的內容，而是強調在這些工具的背後還是脫離不了SPI領導條件，你要如何領導你的客戶？透過SPI的分析，找出行銷的規劃佈局：

S（環境）：思考在什麼地方，用什麼方式將客戶導入所設計好的環境，例如VIP高端族群，或是忠實粉絲所帶來的隱性環境影響。

P（職務）：利用什麼樣的關鍵KOL（意見領袖）等名人，打造權威性話題，引領趨勢與風潮。

I（利益）：透過什麼樣的促銷或產品設計，使客人會趨之若鶩。

以4P爲例，分別爲產品，價格，促銷，通路。其實產品、價格與促銷就是I（利益）的環節，而通路運用得好，勉強可視爲S（環境），可這之間就缺少了P（職務）所帶來的效應，就算加上了6P的人與定位，也才稍微符合了SPI的原則。在工具越來越多的情況下，SPI能讓你透過簡單的思維找出關鍵突破點，這便是SPI的魅力所在。

以賣產品爲例，一般思維是生產出一件衣服之後，透過行銷九宮格或是4P等工具找出價格、客群與通路等方向，並透過曝光、文案實施販售，這是一個簡單的論述，當然可能有更專業的行銷計畫遠超於此，畢竟我是走企業營運管理，行銷不是本身專長。但若是運用SPI邏輯就不只是如此，首先要清楚策略管理與行銷計畫永遠密不可分，前者佈局，後者執行，因此在生產衣服前會先思考SPI的運用策略（如下圖），接著才會生產衣服，再透過各類行銷工具找到執行面的突破口，方才是完整的行銷策略。簡單說，用SPI邏輯看行銷，便是要「去領導你的客群」。

ＳＰＩ行銷策略（戰略佈局）

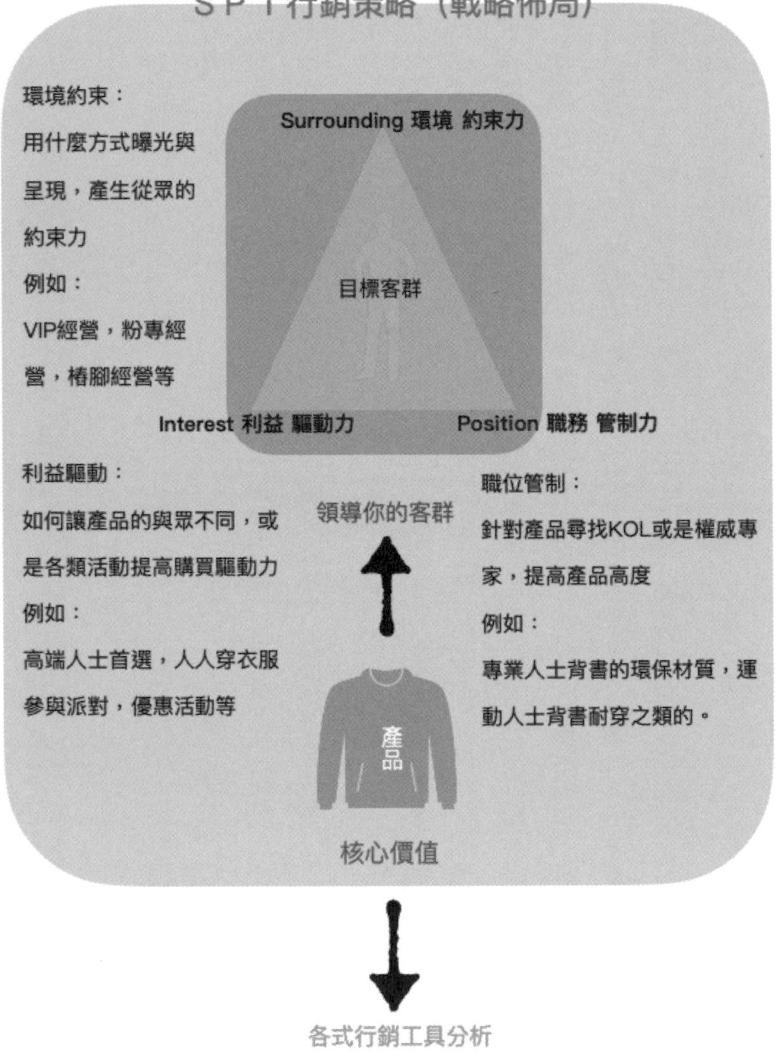
環境約束：
用什麼方式曝光與
呈現，產生從眾的
約束力
例如：
VIP經營，粉專經
營，樁腳經營等
Surrounding 環境 約束力
目標客群
Interest 利益 驅動力
Position 職務 管制力
利益驅動：
如何讓產品的與眾不同，或
是各類活動提高購買驅動力
例如：
高端人士首選，人人穿衣服
參與派對，優惠活動等
領導你的客群
職位管制：
針對產品尋找KOL或是權威專
家，提高產品高度
例如：
專業人士背書的環保材質，運
動人士背書耐穿之類的。
產品
核心價值
各式行銷工具分析

八、SPI實用案例

SPI領導條件是一套聽起來簡單，但運用起來極需分析與判斷力的心法，若是讓心術不正的人成功運用，極有可能造成負面的效果。這套心法是在我人生經歷中，不斷驗證、體悟出來的答案，爾後便常運用這樣的思考方式，去參透很多組織與人際問題。在這以人生經歷爲素材，舉幾個SPI實際運用的案例。

1 軍旅生涯時期與SPI的運用

過去有經歷一段軍旅生涯的日子，含軍校前後服役十三年之久，最高官階爲二等士官長，官職爲連級士官督導長，說到這有人或許會疑惑，這官階不大呀！有什麼樣的案例可以分享？的確，但就是這樣不大的官階，卻能做到當時連上司都必須配合我設定的制度，這樣還不值得探究一番嗎？在我退伍後的日子裡發現，這社會上許多人對軍人的印象不好，而且對士官長的印象大多都只是個象徵、養老、擺爛的刻板印象，可當初我是如何在部隊可以做到令百人如一人，命令貫徹之徹底，無人敢不服從呢？爲什麼？就是SPI的發揮。

二十三歲的時候，接任連上的士官督導長，連隊因爲任務特殊，所以編制非常大，滿編可達一百七十人，而單位常態則是百人上下，志願役平均維持在四十人左右。面臨這樣龐大的單位，以及軍官爲上的環境裡，你要如何掌握實質的權力？並確保士官運作的話語權在自己手裡，除此之外，還要做到對上對下的完全掌控，這時就要分析SPI來做佈局。

首先，我們要了解對於部屬擁有的SPI分別有哪些？

S（環境）：軍中本身是一個環境影響龐大的地方，無論隱性還是顯性均是最佳狀態，這是可以牢牢掌握的。

P（職務）：軍中的職務也極具優勢，思考如何徹底發揮它的作用便可。

I（利益）：軍中的利益看似強大，但實則薄弱，其原因是薪資爲國家所發，獎懲又會遭各級干預，亦不能開除，也無法給予部屬適當的處分，導致賞罰權力不在自己手上。

分析完後，就能清楚知道必須強化P（職務）的管制與奪取I（利益）的驅動，才能獲得說話權。於是針對P（職務）進行以下幾點佈局：

1 先找尋適任者爲核心班底，並提供利益成爲共同利益者，獲取支持
2 核心班底建立後，共同推舉我爲頭，掌握輿論力量，發揮隱性職務影響
3 再透過主張新制度（符合天秤理論）來擴張顯性職務影響
4 建立新制度來擴張影響力，職務影響便能掌握手中

掌握職務後，便能名正言順的獲取部分利益而針對I（利益）的佈局爲以下：

1 思考部屬在意、渴望、爭奪與計較的部分
2 掌握第一點，將主導權抓回自己手中，並透過新制度實施管制
3 將掌握的利益規則化，人人均能獲得並維持勢力結構之間的平衡

如此，我將成爲不同派系之間的仲裁者，I（利益）的驅動性也在不知不覺中爲我所掌控。

針對與部屬之間的影響力分析完畢後，就換分析與上司之間的SPI，了解上司爲什麼可以領導我？雙方之間一定有什麼差異性？導致我必須服從他。

S（環境）：如同部屬分析，環境在軍中便具備優勢，難以避免被上司影響。

P（職務）：國家任命之官職較大，於情於理必須服從於上司，導致顯性影響發生在我身上。

I（利益）：上司身爲主管，直接決定了單位的發展與各項考核與升遷，勢必掌握了極大的利益驅動性。

分析完後，便清楚知道SPI都掌握在上司身上，理論上徹底發揮了影響力。但並不是無從突破。仔細分析後便會清楚上司的S（環境）是伴隨P（職務）與I（利益）產生的，所以只要動搖了P（職務）與I（利益），即可以撼動S（環境）所帶來的影響力。因此對部屬的掌控即是對上司P（職務）的動搖。在前段分析的過程中，明確指出若是強化對部屬的SPI，獲得影響力後，相對上司的P（職務）就會弱化，而透過新制度的利益分配削弱上司的I（利益），如此S（環境）依舊會動搖，導致我因爲部屬的絕對支持，上司的SPI優勢逆轉，只剩單純的P（職務）有約束力，才會發生之前提過的情況，當時我在部隊的權力甚至可以要求上司自請處分，這不是一般士官長做得到的吧？原因不過是對上對下我都掌握住SPI罷了。

在設計新制度與組織結構的過程中，每個層級與環節全都透過SPI分析，強化組織強度與韌性，形成「組織強，我便強」的共利模式。也透過SPI發揮層層影響力，達到擴張的目的，這便是SPI領導條件的魔力。先創造領導條件與環境，再實施領導與管理。

2 業務時期與SPI的運用

SPI可以協助你成爲優秀的領導者，相對的也能用來淘汰不適任的領導者。眞實案例，過去曾在某間保險公司擔任業務，當時是在某任女友的期待下，卸下了軍職而加入這個團隊。爲什麼選擇這團隊呢？因爲團隊的領袖是年薪千萬的超級業務，我稱他爲A君。A君高打品德與正派的個人魅力，並唾棄一切業務行爲，講求誠實銷售，團隊成員對他的崇敬，完全可以在活動中觀察出來。如此定然令人好奇，況且A君還是當時女友的好友。招募我時也是滿口承諾與保證。

但我加入團隊之後，發現事實並非如此。A君對於團隊管制已經到達變態的地步，除了不允許與其他團隊人員接觸外，更要掌控團隊成員一切生活作息，無論透過社群觀察還是旁敲側擊，凡有人不按他邏輯做事就勃然大怒，時不時與上司衝突、怒罵下屬。這時你們一定很好奇，部屬爲什麼不反抗？原因很簡單，他塑造出所有團隊都要加害我們的錯覺。他找的成員大多是二十初頭沒太多社會經驗的人，這主管下意識把SPI發揮的很徹底，導致整體進入「同化」而逆來順受。那我們就來分析一下，當時SPI如何建立起來的。

S（環境）：雖是業務團隊，但是A君藉由早晨會議，教育訓練，以及關心部屬，團隊活動等等名目，時不時把所有人召集起來，建立環境上的約束力。再透過觀察每個成員的人際狀況，進行座位與合作上的調動，掌握了一切資訊，並透過資訊傳遞、控制輿論，掌握隱性環境影響。

P（職務）：不斷強化自己在職位上的努力、如何照顧大眾，以及製造外人對團隊不利，必須透過他來保障大家權利的幻象。

I（利益）：千萬年薪的頭銜，標榜所有人要向他學習才能賺錢，並封閉一切對外資訊，再透過團隊壓力統一掌握資源調配，使所有人要拿到好的案件，都需透過A君才有機會。

初步分析後便會清楚，A君擁有極強的SPI領導條件，於是只好配合他所設定的遊戲規則，要不就只能離開。之後我與A君爆發了矛盾，其最大的原因就是我屬於「不信者」，什麼是不信者？過去很多實境秀的整人節目中，勢必要先經過層層篩選，把不信者給剔除，避免搓破眞相。而之前提到的「米爾格倫實驗」也說到，僅有六十四百分比的人會順從，剩下的便屬於「不信者」。不信者在領導能力較差的主管底下做事，對他們來說是非常大的風險，因爲不信者看的東西較廣，不容易被迷惑。因此，只靠謊言在經營團隊的A君，發現無法騙我時，矛盾便會加劇。詳細過程就不細述，不然本書就要變成甄嬛傳宮鬥劇了。最後爲了讓所有人知道他的眞面目、恢復獨立思考，我必須反向破了A君所營造的SPI，於是開始著手分析：

S（環境）：拉攏A君的上級，將外面的訊息如實傳回團隊內部，使原本被封閉的環境打開，讓團隊感受到A君在單位內的風評與問題，使團隊成員明白A君並不受歡迎，團隊也沒有被排擠的現象，把環境影響力轉移回A君的上級，藉此削弱A君。

P（職務）：當大家發現很多事情並沒有像A君形容的情況下，便將A君的人格問題突顯出來，團隊成員開始清楚一切都是A君自己塑造出的假議題，包括單位對團隊的不利也不是事實後，A君在大家心中的人設與期待崩盤，造成職務影響力衰退。

I（利益）：從內部成員開始，用數據與事實讓大家知道成交的方式統計下來，按照

A君的方式反而成交率比較低，那是他個人適用的方法。再透過拉攏上級後，也可獲得許多其他機會，加上與各團隊破窗後，合作方式千變萬化，A君的利益影響力便開始下滑。

從以上三點分析找到突破口後，A君逐漸失去影響力，團隊最後也名存實亡，最終幾乎換了一批人，使A君元氣大傷。所以SPI除了協助管理外，同理，也能破壞管理，屬於雙面刃的心法，故此長久以來我都不願意說破，因爲簡單好懂，威力卻如此龐大。

3 銷講時期與SPI的運用

有段時期，我協助某位金融講師銷售課程，擔任銷售現場主持人。當時現場由講師、主持人（我）以及課程負責人所組成的三人團隊，長達一年且超過百場以上的銷售演說。就當時而言，我們在同業裡績效算是非常好的，有段時間還維持三成以上成交率，爲什麼？也是透過SPI的關係。那時銷售設計非常縝密，從一開始的報到，小至門口簽到，大至進到會場由主持人招呼、安排寫作業、看講師新聞採訪影片、到學員回饋、課程教學的內容，以及開場主持人的講稿、介紹講師出場，搭配的音效與授課內容、場地的擺設、椿腳的安排、後續QA，甚至主持人銷售施力，均有一系列的安排。這樣的銷售場合又是如何發揮SPI呢？

S（環境）：所有學員會被關進一間經過設計的教室裡，搭配流程設計、音效與椿腳達到顯性與隱性的環境影響。

P（職務）：教室裡看新聞採訪以及驗證影片，搭配主持人的介紹下，創造大師與專業的頭銜，隱性職務影響建立。

I（利益）：抓準學員渴望從講師身上學到技術，並透過技術賺到錢的因素，經過設計放大可獲得利益效果。

這時可能有人會好奇，如果SPI發酵了，爲什麼僅有三成的成交率？不是應該要更高嗎？這是個好問題。首先我們的確創造過六成以上的成交率兩次，這是很驚人的數字。再來前面有提到，米爾格倫實驗說明，僅有六成四的人會服從權威產生從衆效應，依舊有三成六的人屬於「不信者」，是擁有極強獨立思考的人，在這些人的面前，P（職務）與I（利益）會受到質疑與挑戰，因此P（職務）與I（利益）不一定有在他們身上被建立起來，通常還需花點時間才有機會成交，那靠的就是後續的導流，慢慢的突破他們心防，這塊就屬於商業模式設計，不在本篇討論。再者，還有些人或許有所謂的資金考量、家人考量等等，有可能其他人的SPI影響力相對較大，導致會有這樣的結果。雖然SPI無法完成百分百成交，但沒有SPI就絕對不會成交。不然大師們可以試看看自己去捷運站喊話，會有人買單嗎？答案非常清楚。

4 棄守SPI的後果

雖然我熟悉SPI的操作，但過去有沒有在領導上失敗過呢？當然有，而且失敗導致我離開了團隊，追根究底，就是我沒有運用SPI的原因。曾經協助一名講師組織團隊，講師課程舉辦許久，也累積超過五百名以上的學生，課程中不時會有學員回來幫忙，時間久後，講師萌生打造業務團隊的念頭，於是這重擔就交到我身上。當時我從學生裡面挑選了幾名較爲向心的成員，與他們溝通，並向講師索要了很多福利給他們，還把當時掌握在我手上的二十四名業務，全數分配給他們，自己一個都不留。過去我也天眞過，想著大家好我就好的概念，就讓他們三名主任去衝鋒，而我這經理負責協助講師建立制度。前景本該穩定美好，但後來爲什麼還是出現問題呢？這位講師在性格上非常需要受到被關注，是個把什麼功勞都攬在自己身上的人，至於我屬下的三名主任，一時大意的將手中權力與人力交到他們手上，對於部屬而言，我已經失去任何領導條件，而他們接下來想要獲得更多，勢必只剩下講師手中的資源，加上愛當焦點的講師沒有運作組織的智慧，反而間接造成了講師與部屬之間成立了SPI，導致我被架空並遭到屬下叛變，最後我評估優勢不在且不看好團隊發展下，果斷離職。

但這過程SPI是怎麼喪失的呢？來分析一下

S（環境）：團隊本身爲無底薪業務，也沒有定期開會與活動，甚至沒有固定的聚會所，自然無法建立環境影響。

P（職務）：雖說我是經理，他們是主任，但公司並無組織與獎懲規章，一切都是隨講師喜好變動，職務顯得空泛。

I（利益）：當時我將團隊分成三組，並把手中資源全數分配給三名主任，還提高了他的權力與地位，某程度我的善意導致利益影響喪失。

所以當時狀況失控的非常嚴重，導致主任爲了要奪權而產生嚴重內鬥，失職者爲講師與我，講師未有領導修爲，而我過於善心而大意，此便是未細細考量SPI的後果。

5 顧問團隊時期與SPI的運用

過去待在某個顧問團隊的時期，不得不提到當時遇到「教練式領導」的系統。該系統主要在於協助同仁探索自我，找到自身的突破點，而教練便是在這過程中引導你去不斷發掘、突破的關鍵角色。有段時間這論點非常火紅，畢竟只要是「國外進口」的都能在華人地區掀起討論。於是一堆論述這系統的書，相對佔據了各大書店的暢銷榜。有幸來到顧問團隊後，發現老闆用的便是「教練式領導」，當下眞的非常興奮，終於可以親自領會這神奇的系統，享受一下不同的領導統御，順便作爲研究的根基。

但好景不常，約莫一年的時間裡，團隊成員的狀態便讓我清楚知道，「教練式領導」或許只適合國外，或是自律的團隊，而且必須搭配很多技術使用，不然依舊會有疏漏。當時團隊內有個正在讀研究所的女實習生，我們稱她爲A女，起初的實習方案是來團隊協助，便可獲得免費的顧問培訓，意思是A女免費爲團隊奉獻，而團隊培養她。剛開始雙方相安無事，但隨著團隊給的專案越來越大，致使A女無法駕馭的時候，就開始出現明顯的情緒問題，甚至用消失來逃避。團隊老闆的手段，即是透過「教練式領導」協助她看到問題與突破。每一次輔導完A女都彷彿恢復鬥志一般，不但宣示決心還保證達成目標。無奈現實是殘酷的，面對複雜且超出能力的專案，情緒依舊陷入低潮，頻繁的消失與逃避更加劇的上演。其實到了這階段，若是我必定開始祭出管理手段，但老闆依舊只有「教練式領導」，最終在一次與客戶提報時，A女徹底的失蹤躲避，直到事後才出現。

事發之後，老闆與A女詳談了許久，便將職務從實習顧問降至助理，再也不跟團隊運作。之後不時還是會向老闆問起A女的狀況，老闆都說現在A女狀況很好，不會逃避也都會把事情做完。聽到這轉變，我總覺得這之間一定有什麼原因，百分之百跟「教練式領導」沒有關係，因爲要是有直接關係，那這一年早發揮作用了，經過打聽了解之後，原來是給付時薪了，且明確規定了工作時間。給了時薪，人自然會被利益而驅動，而主管也可以透過工作時間發揮影響力，A女自然會配合。

針對以上案例，我們區分一下SPI前後之間的差別。一開始透過奉獻來交換顧問培訓方案的SPI：

S（環境）：工作屬於自由安排時間，僅每週一次固定週會，平常成員只單獨應對老闆即可，因此無環境約束力。

P（職務）：老闆本身有職務上的名義，加上總顧問的專業權威性，初期多少擁有職務上的管制力。

I（利益）：無給付薪水的情況下，唯一能導致驅動的，便是對顧問這職務，以及顧問培訓有嚮往的族群。

透過分析下來能清楚知道，這樣的SPI非常薄弱，影響力只在嚮往顧問與顧問培訓這環節上，也可以說其實主導權偏向於A女，因爲只要當A女不想學習顧問技巧與顧問這職位時，老闆P（職務）的管制力卽會失去，何況從來不存在的S（環境）？當A女在顧問產業受到衝擊或覺得不適應時，逃避之心就會出現。那之後的方案爲什麼會有效果呢？關鍵在於SPI條件的建立，強化了影響力，接著就來分析一下：

S（環境）：開始要求定時工作，從無約束力轉換成能夠約束，顯性環境影響產生作用。

P（職務）：要求進公司、配合環境成效，強化了老闆的職務管制能力。

I（利益）：給付時薪，自然會使心態正常，觸發做事的驅動性。

依據前後對照可以清楚知道，領導條件的建立非常重要，沒有前提條件的建立下，任何領導管理技術都無法造成影響。因爲「教練式領導」屬於領導範疇，而薪資與約束工作時間爲管理範疇，兩件事合成爲「統御」，這才是領導者必須建立起的影響力。當然，前提是你不能給予遠遠超出A女能力的工作範疇，否則會變向造成A女產生玉石俱焚的心態，SPI自然失去效果。

6 學校環境與SPI的運用

SPI還能運用到學校！有這麼神奇嗎？答案是可以的。之前去某所高中演講時，學校主任感嘆現在環境不好，恐龍家長與媒體的不友善，加上現在生活環境改變所衍生出衆多的問題，讓老師在學校遇到很多困難與挑戰，希望我能提供不同的分析與觀點，協助老師強化學生的管理。在講座上便一直與老師溝通「領導」與「管理」的不同，最後帶入SPI領導條件，和在場老師說明現在會遇到的狀況。當下有些老師感到困惑，若是SPI領導條件成立，就可以管好一個地方，那學校應該是一個三項具備的環境才對，爲何會導致如今管理上的困難？

「有沒有可能，是自己覺得符合條件了？」我反問道。

這是一個很現實的問題，常常掌權者把管理當成領導，又把領導當成管理，並不清楚現在的行爲是否成功打造領導條件，導致領導環境無法塑造，自然無法有效管理。我們先來分析一下學校本該擁有的SPI優勢：

S（環境）：學校就是一個顯性環境影響，每個人進到學校便會清楚知道，在特定時間與地點上該做什麼與不該做什麼，甚至環境內的集體認知也會造成隱性約束，讀書、守秩序、尊師重道等規矩會烙印在腦海，環境影響非常大。

P（職務）：嚴格來說，學校組織分明，階級森嚴，從校長、主任、組長、班導等等，層層環扣相互作用，職務影響非常鮮明。加上尊師重道等傳統壓力，顯性與隱性的管制力都非常強。

I（利益）：「師者，傳道，授業，解惑也。」學生到學校想要求得知識，考上好學校，靠的就是老師的知識與教學，因此利益也是相對存在。

按此，SPI兼具的校園內，老師在經營班級上應該是沒有問題才對，那爲什麼還有那麼多的問題呢？原因就在之前所提，可能是我們自己覺得有符合領導條件，並未把現實因素考慮進去。

在我看來，學校並沒有滿足SPI的條件，怎麼說？現在資訊發達，學生與家長自我意識抬頭的情況下，加上媒體輿論對學校的不友善，導致外在環境影響校方在處理事情上的態度，勢必讓學校在環境影響這點，某程度上的動搖，不會像以前一樣穩固。如果校方與家長無法全力支持老師的情況下，自然會將「老師」這職務的影響力連同一起削弱，況且並不是每個學生都樂於學習，因此利益因素也將因人而異，導致SPI領導條件並不在老師身上。另個諷刺的現實，在校方與家長的支持下，很可能是學生對老師掌握了部分SPI。我自己在國中的時候，就曾經因爲獲得家長的支持，而迫使老師與我道歉（但前提老師本身犯錯），這也是血淋淋的案例。

我們簡單分析了一下現況後，就會發現在這樣的環境下，學生無法管理也是正常現象，靠的只是學生自己是否愛讀書？是否尊師重道？大多時候，好學生也會顧好自己，因此老師們就頻頻花時間在那些問題較多的學生上，長時間下來，顯得心力交瘁。

當演講到這的時候，看著面面相覷的老師，我便提出了解法。這解法是什麼呢？就是「創造SPI」。既然大環境無法支持我們，就在可行的範圍內嘗試建構SPI，創造出可以領導的環境。便提出以下幾個步驟：

1 先將班上的學生平均分組，且最多不超過七組

2 物以類聚，將班上不同性質的人做分類，打散到各組

3 從各組選定較爲順從的學生當組長

4 將座位安排按照組的排列坐好

5 安排時間要求小組要有定期的會議，以及找到共識

6 有計畫性的活動競賽，必須符合多元、可達到、有獎勵、不同階段爲原則

7 定期與小組長們溝通，並且過程中要觀察與紀錄

以上便是針對老師在能力範圍內，可以建立起SPI領導條件的方法，這七個步驟可以產生怎樣的效果呢？我們繼續分析。

這七個步驟落實後，可以使老師在學生身上，成功建立SPI領導條件，發揮影響力，以下便詳細解說：

S（環境）：將環境影響縮小爲班級範圍，再建構分組制度，可以多加兩層環境約束，並配合遊戲的競爭建立共同目標，打造隱性環境約束。這樣環境約

束力便可以越過學校進行擴大，同儕間的正向影響也將發揮於無形。

P（職務）：透過有計畫性的分組，將物以類聚這樣的習性給破壞掉，並透過分組與設定目標的過程中，增加不同職位功效，再配合老師本身的力量，加重職務管制力道。

I（利益）：不是每個學生都愛讀書的，各類不同模式的競賽，讓學生在參與過程中，能夠透過自己的喜好去發揮，並獲得優勝以及存在感，老師亦可從中觀察學生在意的關鍵，提高利益的驅動性，發揮隱性利益影響。

以上做法便從根本改變了領導環境，透過組織動員起全部學生朝目標前進，SPI因此建立並發揮。這時可能有人會問，這樣就可以管理好一個班級，帶領學生嗎？當然沒有那麼簡單，這只是開始，後面必然會遇到更多問題，但至少能夠透過分組與目標競賽，成功擔任學生之間的裁判，製造機會與學生溝通。

因此，不斷強調SPI的核心思想——「在沒有建立適當的領導環境時，你的任何領導管理方式都是浪費時間。」所以建立SPI領導條件，只是確保這個領域歸你所管，後續才是真正的開始。

7 什麼情況下SPI會失靈？

SPI既然可以運用到各種環境，那到底有沒有失靈的可能性？我必須嚴正地說明，完全不會有失靈的可能性，只有建立不起來的狀態。什麼情況下SPI會無法建立？古人有句話：「窮寇莫追」就是不要命的人會跟你拼命。所以，如果今天領導者做人失敗，導致部屬完全放棄，甚至不屑的時候，SPI便無法發揮作用，這時環境約束不了他，職務對他無法管制，利益壓根不在意，那這樣的領導已經失敗。說白了，要離職的員工並不會受到SPI的影響。

另一種情況是部屬被更大的SPI所牽引，有可能是外來的，也有可能是掌握某些關鍵的人物，導致SPI不在你的掌握中，此時影響力鐵三角也會失控，無法妥善領導部屬。追根究底來說，我們還是要清楚知道SPI是輔助領導的關鍵點，但不可能完全取代領導者的言行。暴君依舊會遭民變，這又回到我們一開始談的「平衡」，建立SPI領導條件，再配合「天秤理論」的邏輯，透過組織來平衡團隊資源，這就是領導與管理的雙核心思想。

九、創造領導條件的必要性

爲什麼一再強調創造領導條件的重要性？人是群聚的生物，需要靠社交來維繫複雜的運作，靠影響力來改變彼此的行爲與思想。沒有誰與身俱來就有能力影響別人，無條件許可下試圖去影響、改變他人，反而容易產生許多摩擦與問題。過去我在某個團體時，成員集體瘋狂的推崇成長課，其中一位B君就是虔誠的信徒，把生活中每個成長都歸功於激勵課上，並四處向人推廣課程。但我從旁觀察，此課程的中心思想分別爲察覺與承諾，兩者均無法在B君身上看到，如何信服於人？

某日，B君終於向我開口說道，認爲我的思想有過多的框架，過於相信自己的論述，應該跟大家一樣去報名成長課程。在尚未取得認同、甚至沒有任何能影響我的條件下，B君就貿然做出試圖影響我的行爲。此舉勢必會與我本身的影響力產生碰撞，其過程就是雙方觀念間的摩擦，說好聽是交流，實際上也是藉此區分是否爲同類人，隔閡便在團隊裡產生。若是B君懂得SPI的分析與建立，有領導條件塑造的觀念，便會清楚知道是否能影響我去順從她的思路，並避開摩擦的過程，讓事情順遂許多。

大部分的情況下，人們並不清楚自己的位置，靠的是感性、直覺為出發，沒有去深究這些可行性背後的原因，誤認那些套版工具所帶來的效果，而忽略這之間有一項關鍵的因素，那是什麼呢？

「必須有適當的條件，才能搭配適合的技術。」就是「影響力」的重要。

並不是當上主管就一定能管人，也不是個性陽光積極就能影響他人，這世上複雜的人際關係與心理因素，才是組成一件件可行與不可行的關鍵，如果要搞清那麼複雜的關係，所需學習的理論可能一輩子都不夠用，於是提出SPI這樣深層的心法解決此問題。建立了領導條件，便可以減少因為錯誤的認知，造成的一切問題。

Chapter 6
組織運用的方法

一、組織的重要性

組織到底有多重要呢？過去，大部分主管的答案都是肯定的，認爲組織是一個團隊運作的基本架構，相當於人類的骨架，決定公司或團隊的外在形象。近些年，西方一些「以人爲本」的領導論述進入到華人圈中，被大肆渲染與誇大後，開始有些主管認爲組織並不重要，重要的是團隊共識。由此，激勵課之類的論點逐漸浮出檯面。但這之間有個盲點，團隊共識屬於領導，而組織屬於管理，在本書之前的章節就強調「領導」與「管理」的差異性。現今職場上的領導者都很有趣，不是信奉組織與SOP的權威，要不就極端的走向人本思想，大談溝通與察覺。若是由我來說，這是本該共同存在的領導與管理關係，合稱爲「統御」。

孫子曰：「治衆如治寡，分數是也。鬥衆如鬥寡，形名是也。」意思是指管理大部隊跟管理小部隊是一樣的道理，將大部隊分割成許多小部隊，實際上管的人數依舊一樣，但因爲分層結構的關係，實際管理人數會是倍數的增加。每個人領導的人數是有上限的，依據能力有所調整，最多不會超過十個，因此「分工」就是一項非常重要的項目。我年輕時，在部隊擔任士官督導長，就非常堅持組織權責的運作，但也讓許多部屬不解。曾經就有部屬提出質疑，我便問道：「如果我今天給你十個人去出任務，期限半小時內完成，你會怎麼做？」部屬滔滔不絕開始分享如何指揮這十個人，顯得輕鬆自在。於是我又問道：「這次我給你四十個人，期限在半小時內完成，你該怎麼辦？」部屬思慮了一下，依舊分析起如何運作這些人。接著我又問道：「那我現在給你一百人，一樣給你半小時，你會怎麼做？」此刻部屬安靜了，他清楚知道一百人光交代完事情，就會超過半小時，這時我才下了結論：「這時候你需要分工，組織就是用來分工合作的。」

「如果你把組織當作是區分權力的工具，那你並不完全懂得組織。組織是一場大型的分工過程，參雜許多協同運作的技巧。」

現在有許多新興產業，或是專業的接案團隊，會認爲組織不一定有其必要性，認爲每個人都是獨立個體，只要管好自己卽可。這就是不懂組織的人才會說出來的話，眞正組織是多形態的，不一定有所謂固定常態。況且組織的精髓在於釐淸事情的脈絡、綁定責任並協助、順遂團隊的合作能力，其目的在於加強效率。過去，若是有因爲組織而導致效率降低的經驗，那勢必是不懂組織的人所運用的負面結果，總不能因爲吃飯噎到過，就從此不吃飯了吧？我們還是得探討如何找到組織的眞諦？並將它優化到最好。

「組織」一詞我們將它拆解來看，就是將一群分散的人、事、物，使其有一定的整體性，這過程的設計便是組織運用的關鍵，簡單說「設計遊戲規則」與「培養分身」就是組織裡最重要的環節。

設計遊戲規則：這很好檢視，市場上很多人資顧問著重在這塊，例如職權、職涯規劃、薪獎設定、SOP……等等。

培養分身：其實就是老闆的代理人，各階層的主管，督導，著重於教育訓練。

針對以上兩點，在什麼樣的環境下建構出來，這個環境便是「組織」所涵蓋的範圍。所以懂得組織運用的人，便不會去追尋大家所認知的標準，而是依據自身的狀態、目標、資源、團隊成員屬性，以及執行計畫的方向，制定出最適合的模式，才是符合現況的最佳模式。畢竟人心複雜，怎麼可能透過幾套標準，就把人給輕鬆穩住呢？也由此才提出，組織有不同種類，其功能不同用途也不同。不但如此，組織還必須依據發展的狀態不斷變形，有了這樣的邏輯才能認清現實，將組織發揮到最大效益。

結論：組織就是選擇一套遊戲規則後，想辦法讓一群人配合，並從中培養出一些教練與裁判，來維護遊戲的順遂，如此而已。

二、運用組織，還是被組織用

這是很有趣的議題，我常常會詢問周遭在談制度的朋友：「你是在運用組織？還是被組織用？」常常一句話問得他們不知所云。組織是協助人的工具，能運用於現況的方式，便是最好的組織型態。但以往很多人常常把組織僵化，看似在運用組織，實質被組織操控，最後導致組織與團隊文化截然不同，如同全身氣血不通順的人，病入膏肓又怎能把事做好呢？

或許是從頭到尾都沒搞清楚組織的意義，現代社會的知識爆炸，造成多數人只學其形而不知其意，再加上商業渲染，把學習的過程顛倒了，變成只學方法而不學理論，最終使用效能不佳，只好又另外研發新工具，如此循環，亂象叢生。所以，我們一定要回過頭來探討，組織若是我們的幫手，能爲我們帶來什麼樣的幫助？

飯店案例

這是一個眞實故事，當時一名北市飯店部長（A君）來信，詢問管理上的問題。該部門負責全飯店的房務事宜，六位員工、一位組長，再加上他總共八人。求助者A君遇上的問題是：他與組長在管理觀念上出現分歧。A君的想法常被組長扭曲，使工作效率一直無法達到預期。期間他接觸過各種論述，嘗試許多溝通都無法與組長達成共識，到底該怎麼辦？

我當下便問：「爲什麼不直接與所有成員溝通？而一直堅持與組長達成共識？」

A君回道：「他畢竟是組長，我有責任要維護組織的正常，所以必須透過組長來管理員工。」

我反問道：「如果組織是錯的呢？」

A君疑惑道：「組織是錯的？這有可能嗎？」

這便是許多人的盲點了，如果組織成爲運作上的問題，那堅持組織反而會是更大的問題。我們要去探討分設組織的目的，是彌補一個人領導數量的上限，而一個部門只有八個人的時候，A君要管轄的僅有屬下七人（含組長），還在合理範圍內，那有可能在當初設計組織時是有問題的，因此多了一個非必要的組長職。如此便可以考慮調整組長權責，變成部長代理人的概念，這樣直接管理七人就可以解決組長無法聽從命令的問題。

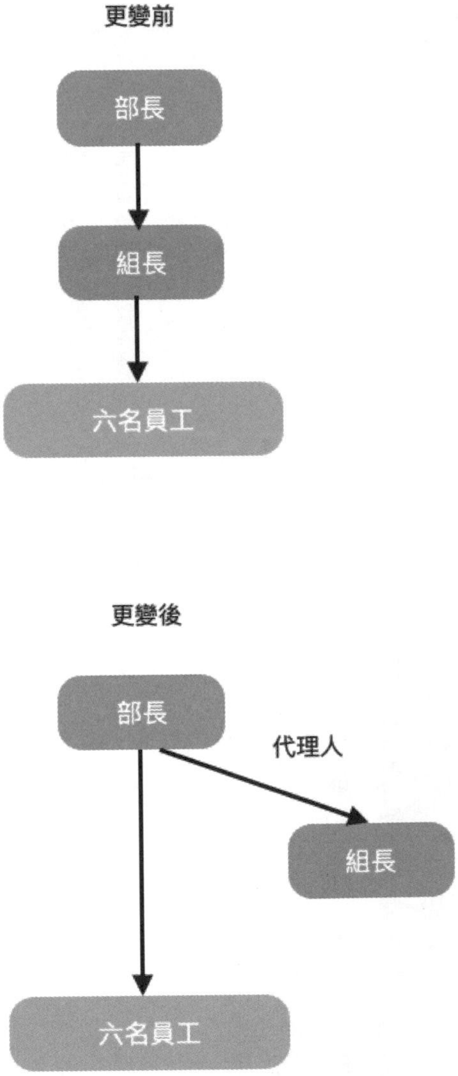

飯店案例 組織調整示意圖

大多時候，我們看到的組織都是僵化的，爲什麼會呈現僵化的態勢，並不是組織本身有問題，而是當初在設計組織時，或是運用組織的人本身不懂組織，致使執行起來很生硬。過去我在某個新創團隊裡，當時老闆交付我一項任務，那就是設計組織、規劃職掌。之後我依據現況與願景，提出了三個階段的變化來面對之後的轉型。當我在會議上提報時，便發現很多人對於組織的認知僵化，是需要花許多時間來溝通。例如組織應該什麼型態？某個職位的職掌內容？往往會被過往的經驗或教育給定型，造成不在腦海中的職務便不該存在，這就是認知僵化導致被組織設限的原因。眞正的問題，不是來自於職務的稱呼，重要的是，有沒有明確的職掌，以及對上對下的責任關係。我們舉特助的例子來說，小到幫老闆開車打雜、做秘書的工作，大到可能是老闆的分身，這樣模糊的範疇就容易出現組織上的問題。往往特助這角色還有可能是二代接班人，所以如何定義特助的角色？沒有一定的答案。問題是，一定要讓全公司上下都知道，這職務明確可以負責什麼、不能負責什麼？與各級主官間的權責區分也是很重要的。

我曾在某個團隊遭遇過身份模糊的問題，那位特助從上到下什麼事情都要管，無論教育培訓、現場活動、薪資發放……等，什麼都想要干預掌握。然而，身爲經理的我偏偏又是這些項目的負責人，每當有衝突，老闆只會說：「他是我特助，代表我。」那便造成內勤經理以及其他權責的負責人，全都失去職掌本身的權力。知道後果是什麼嗎？絕對會導致內鬥。果不其然，後來公司出現派系，雙方鬥爭到我離開後依舊持續。所以組織的問題不在於組織型態，或是職位與名稱，而是在於職位的責任歸屬、干預程度，必須劃界清楚。這才是運用組織，而不是被組織用。

結論：不要侷限於組織型態，確保責任歸屬與協調性，才是妥善運用組織的方法。

三、組織的種類

這節我們來聊聊組織的種類，以及每種組織的優劣。前章雖然提過不要侷限組織本身的架構，但還是可以簡單歸類出幾種常見的組織做爲參考。除了學術界歸納的幾種組織外，本書也針對職場上的現況（領導者運作團隊時所產生的現象），歸納出兩大類與六種組織圖。

兩大類分別爲「行爲組織」與「責任組織」。

「行爲組織」意指領導者在使用組織期間，所產生的上下關係，透過層層管制來達到人、事、物的分流。而「責任組織」不同於行爲組織，是透過某項特定依據來編組或賦予職權，例如：依據專長或是事業體，像是學術界中有提到「事業部組織」與「職能型組織」等。所以領導者之間的管制是「行爲組織」，而透過責任分工則是「責任組織」。先將這兩項內容區分一下，就會清楚知道任何「行爲組織」都可以與「責任組織」搭配。假設選擇了傳統的「直線型組織圖」，仍可在發展過程中透過職能來分部門、成立事業體

（部門內各職務均有，可獨立作業承擔績效）來做分工，這是靈活搭配的。本篇比較強調的在於「行爲組織」上，其目的有二。第一，學術界已經對於組織有諸多論述，就不再贅述。第二，往往破壞組織的都不是組織本身，而是人，還是掌握權力的那位。因此爲了徹底解決組織效益問題，得從人的行爲模式來做分析，衍生出六種常見的「行爲組織」，分別爲：

1 分層結構組織
2 核心決策組織
3 競爭型組織
4 合作型組織
5 單一型組織
6 外聘式組織

分層結構型組織圖

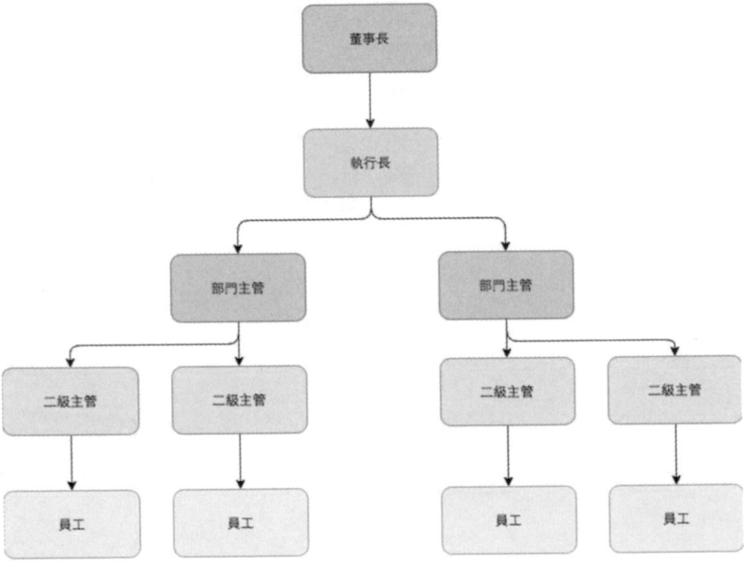

1分層結構型組織圖

最傳統、最古老，也是一般大眾所認知的組織結構，透過分層分權的方式，傳遞給每個層級，每個人的工作職權與責任，對上對下關係清晰，各級主管在相對領域擁有極大的職權，其優缺點分別爲：

優點：職權分明、訊息統一，傳訊快、溝通成本低，能有效預防權力失控。

缺點：領導者必須有跨專業、跨屬性的能力，才能有效掌控組織。否則混亂會隨著組織擴張出現。再者，橫向溝通容易導致各部門合作困難。若領導者個性優柔寡斷，缺點會更容易顯現。

決策核心型組織圖

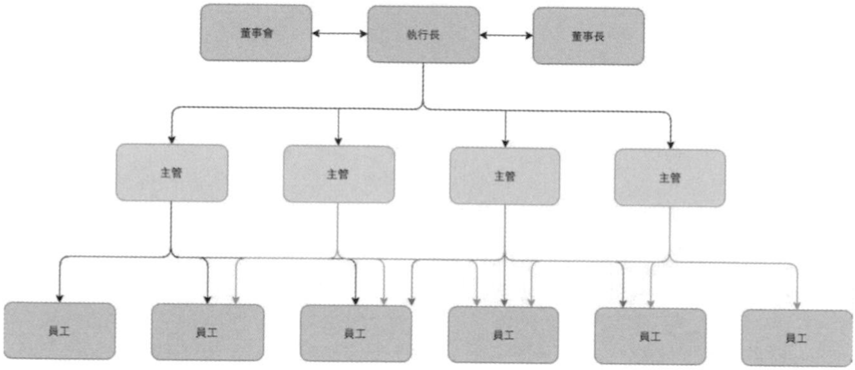

2 核心決策組織

由少數人決策，並以專案模式交辦給各部門主管（專案負責人），依任務性質做人力編組，直到達成任務前，可依公司狀況調整。

優點：以少數人運作多數人的組織模式，具高效率、穩定的決策品質。透過專案管理，可達到任務執行上的順遂，通常由專職主管分組完成任務，人員調動彈性佳、可適時應變。

缺點：這模式組織較不適合規模龐大的團隊使用，因決策權核心爲少數人，容易導致上下離心。其運作方式使員工頻繁地變更職掌，造成工作上的混亂與留職率降低，若非高專業模式，通常不會建議用這樣的組織來運作。

競爭型組織圖

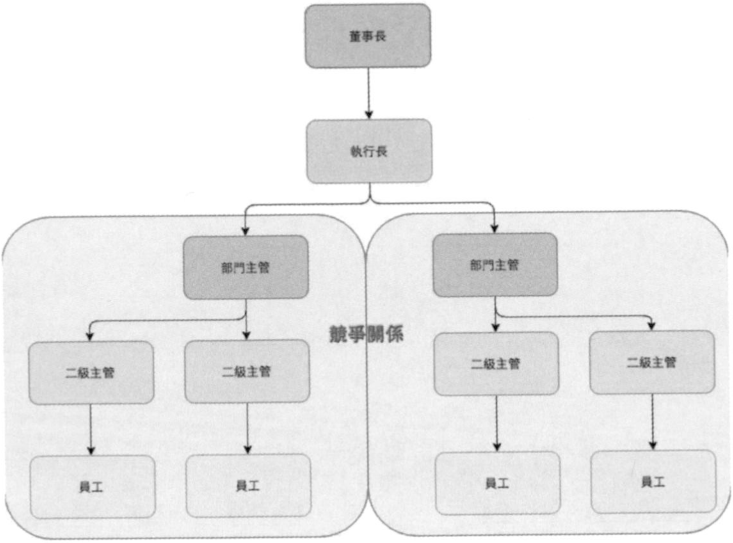

3 競爭型組織

乍看之下與分層結構型一樣，但關鍵在於各部門性質相似度高，部門間彼此競爭，業務團隊最常用類似的組織結構圖。

優點：互相督促、競爭，強者生存提升基層戰力，數據說話、能力爲先，評估考核較爲單純，運作起來簡單，沒有過多複雜的合作、溝通，風險好掌握。

缺點：利益導向有時會使客戶權益受損，內部競爭的風氣若沒設定好，容易導致惡性競爭，影響整體發展。若領導者個性較懦弱沒原則，容易造成被屬下牽著走的狀況。

合作型組織圖

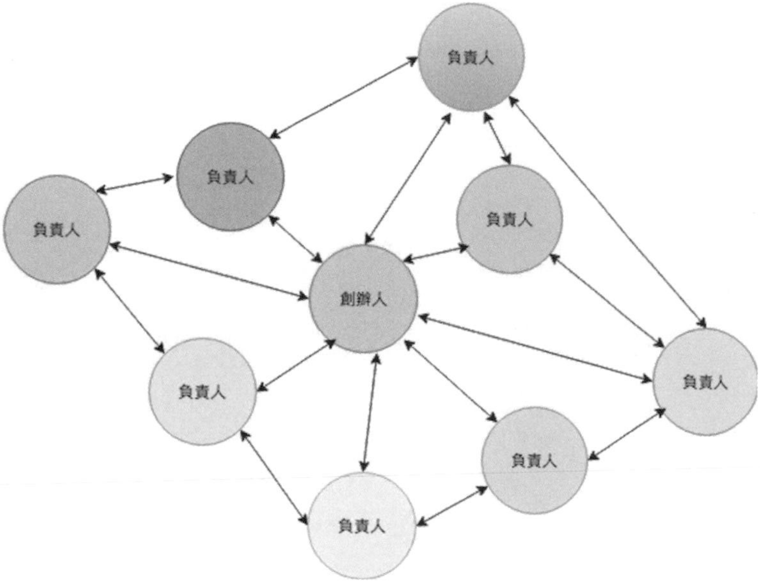

4 合作型組織

合作型組織，是以彼此專業技術爲依歸，透過發起人號召組成，彼此之間並無主從，而是夥伴關係。是目前新創或是專業技術的經理人最常用的合作模式，透過專案與責任管制，區分出獨立的事業體，再由創辦人（發起人）整合，朝目標前進。

優點：講求個人能力的精英模式，責任明確，減少管理手段。團隊成員的專長較好發揮，彼此間爭議較少。

缺點：團隊成員的責任感很重要，不然容易出問題。「團隊共識」會是很關鍵的事項，促進獨立個體彼此合作，避免執行拖延、效率降低，這類組織很看重創辦人的協

單一型組織圖

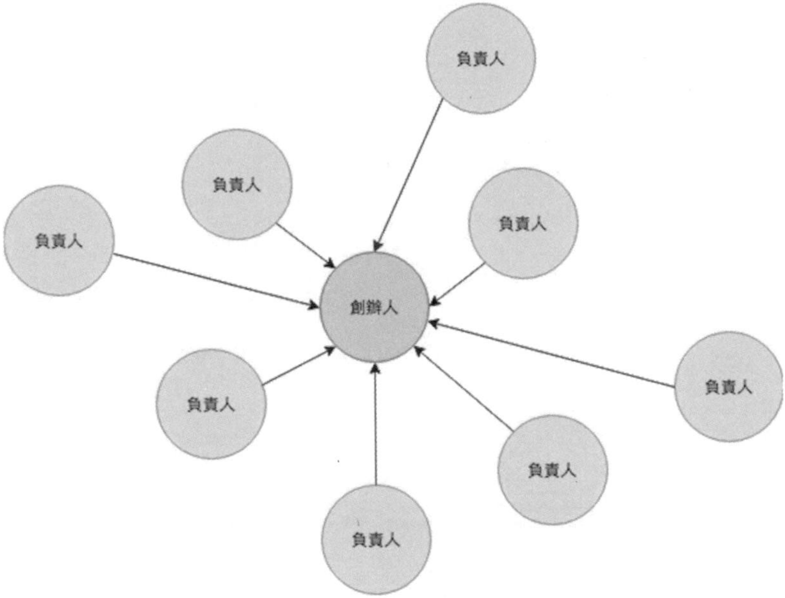

調能力，稍有不慎，團隊會在頃刻間崩解。

5 單一型組織

單一型組織模式較常發生在新創團隊、人數不超過七人的公司裡，雖然有區分職責與責任，但往往不具備決斷權，最後的決策全數由團隊領導者決定，在公司初期甚至轉換階段時期較常發生。

優缺點：這類組織模式的優缺點相同，端看領導者實力。無論人心與決策效率甚至到執行強度，全都跟領導者的特質有絕對的關係。因此遇見優秀果決的領導者團隊則強；遇到優柔寡斷的領導者團隊便削弱。通常也不適合大型組織使用，發展會受限。

顧問型組織圖

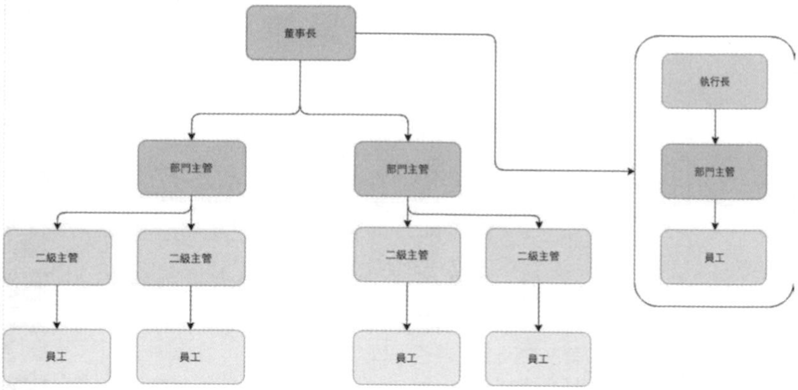

6外聘式組織

外聘式組織運用在各種組織圖都可行，其主要模式便是委任專業經理人，或是請專業顧問團隊協助執行長決策，大多是任務導向、階段性合作，偶有特殊狀況下會長期合作，端看公司發展狀況決定。

優點：決策不受組織間各種利益影響，判斷較爲客觀，在協助判斷事情時，會減少很多情緒因素，提供組織最有利的建議。

缺點：專業顧問團隊的素質不好掌握。顧問團隊與公司文化上的差異會需要磨合期，領導者若是不懂得運用顧問團隊，反而會產生更多問題。

四、組織與領導者的關係

組織與領導者之間是如何相互影響的呢？答案只有一個：「決定成敗存亡的關係」。過去常發現很多領導者對於組織的看法，呈現一種「那是給員工去遵守的規則，與我無關」的態度，殊不知組織成敗之關鍵，就在於領導者的配合度。爲什麼說是配合度？許多領導者不覺得自己也在這套遊戲規則裡，導致組織出現漏洞，而這漏洞就是源於領導者不配合。除此之外，領導者的個性也會直接影響組織運作的順遂程度。加上企業發展階段不同，也會關係到組織所需的演化。

組織運作不順遂，往往跟領導者負面個性、參與度、公司文化與規模有很大的關係。因此設計組織時，要將這些因素都考慮進去，才有可能設計出最適合的組織模式。畢竟，破壞制度的，通常都是身處高位的人。當組織結構依據各項變因調整完畢後，把每個環節都導入SPI領導條件去做評估，如此制度便可運行。

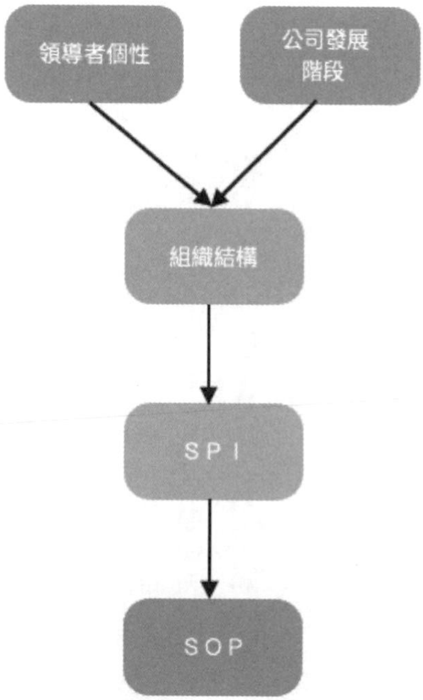

組織設計流程圖

1 領導者個性所帶來的影響

領導者的個性會直接影響組織的發展模式，畢竟一間公司就是老闆個性的衍生，無論優點還是缺點，都會呈現在公司的內部，形成文化。組織架構的關鍵一定要從領導者出發，你不可能要一個多管閒事的老闆不去管事，而讓優柔寡斷的人一直決斷，長期陷入猶豫不決，降低決策品質。因個性不符而降低參與度，最後導致組織形同虛設。

哪些屬於領導者在運作組織時的負面個性？會明顯出現的分別為「暴躁」，「強悍」，「膽怯」，「混亂」，「多疑」，「昏庸」六種。

「暴躁」：個性火爆衝動，不愛評估，凡事憑感覺決斷或是喜好做事，四處樹敵、不顧大局。阻礙團隊運作，易生摩擦、競爭，長期耗損，最終導致經營問題。

「強悍」：個性過於強悍，一意孤行，不聽旁人意見，只相信自己。導致人才留不住、團隊感低，上下離心。

「膽怯」：個性軟弱，無自信，面對強勢的部屬時，不敢拒絕，導致誰說什麼都好、決策朝令夕改，使團隊鬥爭、內耗。

「混亂」：沒有組織架構與原則，做事隨心所欲，往往造成團隊無所適從、沒有目標導致鬥志消沉，無法支撐長久計劃，必出問題。

「多疑」：個性多疑不相信人，容易導致內部矛盾，主管之間無法交心，容易離異，相爭奪利的情況會一直發生，團隊分派系且上下離心。

「昏庸」：沒有邏輯與判斷力，無法精準決策，使團隊什麼事都做不好，常常原地踏步，後續問題不言而喻。

「暴躁」這個性我以前就有遇過，某個主管（A君）就屬於這類型。A君當初剛進公司因爲口條好、形象佳、工作績效也不錯，深得上司喜愛、四處誇獎推薦，最終很快升到經理職。於是A君自信心爆棚，開始覺得自己是全單位最優秀的人，甚至對於其他單位採取強硬姿態，逼迫部門員工一定要支持他抵抗公司制度。狹帶大量績效的A君，甚至連提拔他的上司都不放在眼裡，雖每天口裡說的都是願景與壯大，現實卻是長期的抗爭與耗損，最終衆叛親離。對於「暴躁」的領導者我們該怎麼辦？通常能做的，就是透過組織規章來約束，因此會傾向於「核心決策型組織」，透過集體決策來抑制目中無人的個性，透過SPI分析，設計SOP，或是以股權配置制衡，能有效讓A君此類主管回到他的本位。

「強悍」這類個性的人非常多，嚴格來說，我也是屬於這類型的領導者。早期當主管時，壓根懶得聽基層在想些什麼，認爲部屬的工作就是完成任務，達到預期目標即可。隨著年齡增長，著手研究領導管理學，不斷反省與探討，最終才得出「平衡」這個概念、才開始懂得如何與部屬達成共識。職場上若是遇到「強悍」的領導者，「單一型組織」就是最好的選擇。因爲可以完全本色演出，若是想改變這樣的管理結構，那便可以嘗試「外聘型組織」，透過平等的顧問團隊適時從中協調，或是「核心決策型」組織，透過股權達到一定的約束，但這已經是最後手段了，因爲「強悍」個性的主管，最後有可能會跟股東進行對抗。

「膽怯」這類個性比較有趣，大多新創老闆都會有較強的主見，極少數例外，因此這類比較多發於委派的主管。有時候不因領導能力，而是因工作能力升遷，所以不知怎麼協調組織內的繁雜事物，容易被強勢的部屬拉著走。「膽怯」的主管更需要透過制度來協助處理，通常會建議傳統「分層結構型組織」，透過相對僵化的SOP將人定位，有效維護各職掌工作上的順遂。

「混亂」的主管很常出現在新創團隊，新創團隊的老闆很多都是因爲過往技術上的成功，而動了創業的念頭，容易複製以往的經驗來建構制度，使組織結構運作鬆散。我也曾遇過這樣的老闆，光要在一個部門選出負責人，都會令他爲難，反覆強調「人人都是負責人。」此話看似有理，但實際上是他無能爲力。狀況自然演變成強勢的人說的算、先講先贏、跟老闆交情好就勝出……等負面經營模式，不斷發生的紛爭使團隊在擴張過程中快速崩解，多達一半員工離開，得不償失。面對「混亂」的領導者，通常會建議採取「合作型組織」、「外聘式組織」，透過高專業、高責任制，來減緩沒有組織概念的問題。

「多疑」這個性容易猜忌，交辦任務給部屬又會懷疑對方能力，嚴重的疑心還會延伸到部屬的人際關係、活動與意向。多疑猜忌的人容易聽信讒言、被人利用，其環境內部向心力一定不好，爭奪鬥爭屢見不鮮、各層主管各懷鬼胎。因爲領導者沒有信任、去了解重要幹部，才會衍生出一連串的內部問題。過去我也有遇過這樣的領導者，不誇張，辦公室座位要定期更換，人員搭配也是定期輪調，甚至連私人社群都被密切關注，只爲了搞清楚誰跟誰比較好，若發現互動密切的部屬，一定會以任務爲由將他們分開。「多疑」的主管嚴重缺乏安全感、控制慾極強，通常會建議透過「競爭型組織」讓其放心。

「昏庸」的人不適合當主管，卻因美麗的錯誤使其管理複雜的組織，眞的建議換下這類性格的主管，若實在沒辦法的話，會建議採「外聘式組織」以及「合作型組織」，透過外援以及高專業自治，來取代本身能力上的不足。

領導者性格與組織建議

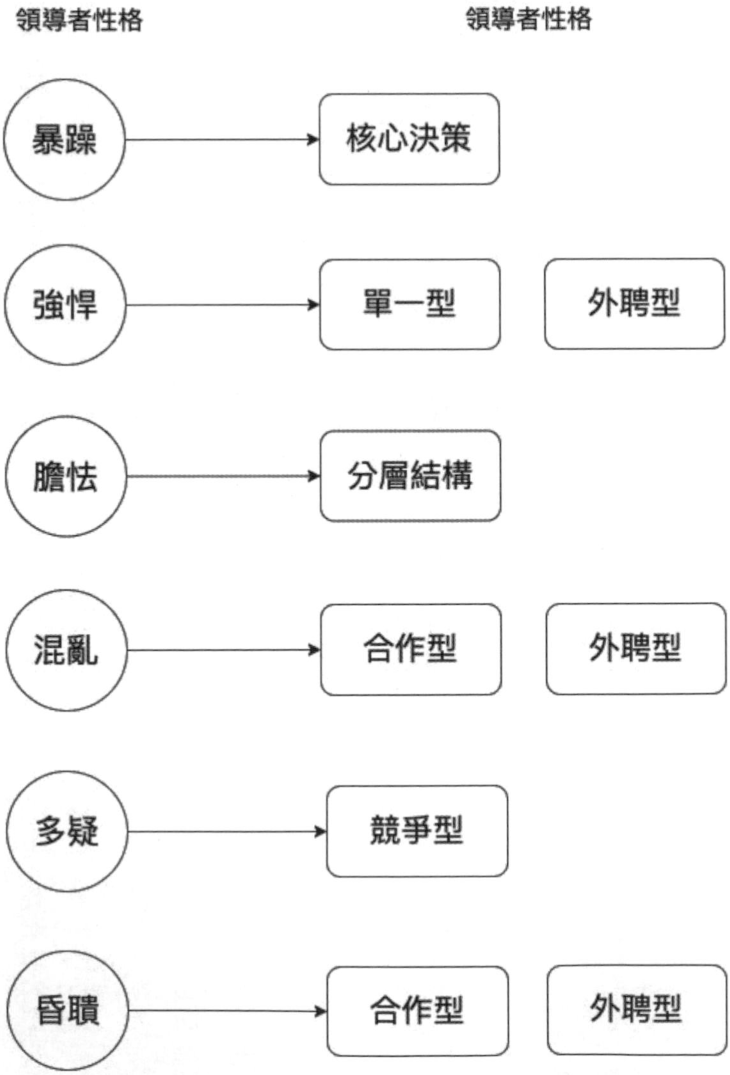
領導者性格
領導者性格
暴躁
核心決策
強悍
單一型
外聘型
膽怯
分層結構
混亂
合作型
外聘型
多疑
競爭型
昏聵
合作型
外聘型

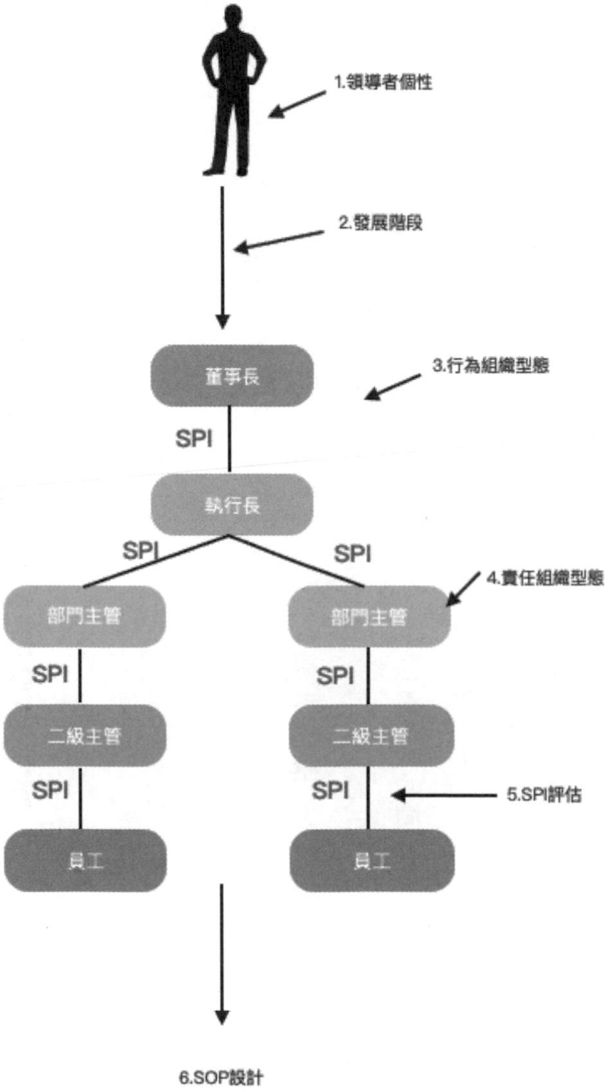

健康的組織架構過程

當我們清楚「行爲組織」後，再去探討組織間是否透過「事業部制」與「職能型組織」來做責任的區分，如此就完成了初步的組織設計嗎？千萬別忘了還要用SPI領導條件去審視每個領導管理環節，是否都能夠徹底發揮領導條件？這組織才會健康。

五、組織與企業發展之間的關係

講完領導者個性與組織的關係後，我們再來聊聊企業發展與組織的關係。隨著組織運用在學術上發展多年，尤其在西方科學的分析與演化後，組織所呈現的樣貌大致都差不多，例如一般所謂的產、銷、人、發、財五大核心，頂多是一些新型企業會捨棄一些部門，隨著現實面去做調整。然而，前篇論述的六種組織結構中，必須要清楚一點：「儘管找到了符合領導者個性的組織模式，但公司內部也不見得都適用。」小團隊有小團隊的困境，大公司有大公司的問題，隨著環境、成員的不同，組織的演化是必然，這也是中小企業擴大或轉型常常遇到的瓶頸。爲了讓所有人釐清組織本該靈活組合，才會提出「行爲組織」與「責任組織」。無論是以職能亦或體制去區分，最終目的都是協助團隊拓展順遂，遇到問題卡頓，都需要彼此再三溝通、協調，才能找到最適合團隊的運作方式。

企業的發展通常分成四個時期。

1 構思期：從發想，尋找團隊到開始執行的過程，這時期組織不適合龐大，越簡單愈好。

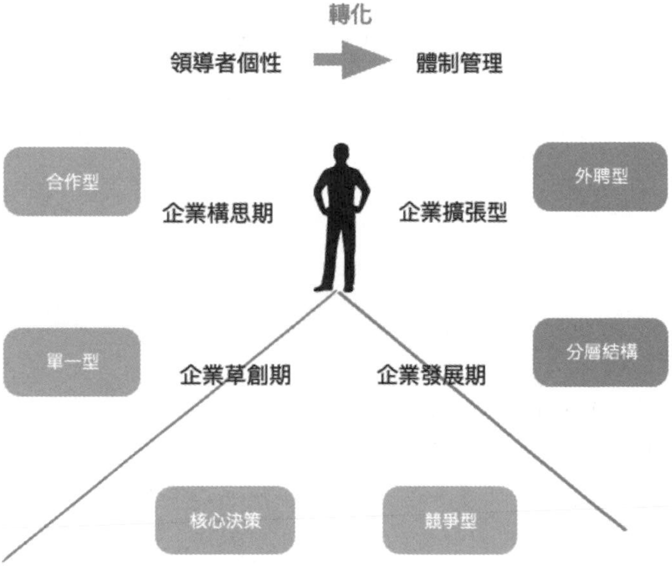

企業發展階段與組織關係圖

2 草創期：發展一段時間後，面臨是否有穩定的商業模式時，組織會隨著做調整。

3 轉型期：有了穩定的商業模式後，會在擴張時陷入組織運作瓶頸，是組織轉變的時期。

4 擴張期：成功轉變組織後，會循同樣的模式繼續複製，進入企業擴張時期。

無論如何，最後通常都會發展成「分層結構型組織」，又稱爲直線型組織。對於內部採用職能制還是事業部制，就看依照情況做調整了。

Chapter 7
成功執行計畫的關鍵

前六章講述了「心法」與「技法」，從核心價值與風險評估，一直到領導管理及組織運用，還闡述了本書核心價值「SPI領導條件」，目的都是爲了打好基底，像是蓋高樓需要先打好地基，如同領導管理需要先打造好觀念，才能去執行很多長遠計畫。打造好基底後，接下來就討論成功執行計畫的關鍵。如何才能經營好一個事業？成功與失敗的原因？必然有一定的模式可供探尋。關鍵是什麼呢？就是要有「計畫」，千萬別驚訝，大部分的人其實都是依感覺行事，要不就是帶著幻想的計畫去執行。

什麼是充滿幻覺的計畫？就是沒有符合計畫須具備的元素，看似有計畫實際卻充滿以感覺爲據的幻覺。必要的條件有那些呢？可能有人會說SMART（註一）是很好的元素，但我想在這做個更詳細的區分，讓我依以下排列順序解釋：「**明確的目標→可衡量的數據→風險評估→階段與步驟→預期效果→時間排程→成功關鍵元素→轉型與備案→財務評估**」

1 明確的目標：一個好計畫必然要有目標，不但要有目標，還要有「明確的」目標。這聽起來很理所當然，但多數人不是沒目標，要不就是遙不可及的目標。我的某任老闆就常提出很多遙不可及的目標，像是剛創業就談要在一〇一大樓設辦公室，但實際怎麼做卻沒有想法。願景與目標是不同的東西，人也不是機器，會有體力與心情上的起伏，做得到的目標非常重要。所以除了按照短、中、長期目標、營收設計，還要將人性問題考慮進去。

2 可衡量的數據：就是評估目標的依據。憑什麼可以做到？過去朋友遇過一位逗趣的上司，當他決定要開發新產品時，朋友因爲職務關係問道：「請問決定開發產品前，是否需要先做市場調查、收集數據來評估？不然怎麼鎖定消費客群？」沒想到上級答覆：「不用，如果是我就非常想買，這還不夠嗎？」這案例就是標準地活在幻覺裡。可衡量的數據是支撐目標、貫穿執行步驟的關鍵，若無做好調查評估，可能會遇到從一開始就注定失敗的窘境，嚴重一點，還會因成果不彰使內部的關係矛盾、緊張，影響甚遠。

3 風險評估：這也是本書一直提倡的重點，爲了不讓辛苦經營的心血戛然而止、大廈傾倒於一角。除了基本財務之外，我們要評估每筆計畫所支出的資源、進而想轉換的效益爲何？評估必須清楚明確、符合現況，在體質健全的情況下確保計畫的遂行，也要確保失算不會動搖公司基底，風險評估實乃重中之重。

4 階段與步驟：以上三步落實後，就需要設計每階段的執行辦法，讓人有條理、有邏輯地朝目標前進。透過階段性達成來提高團隊士氣，也是很重要的環節。

5 預期效果：勝利之原則在於以不敗爲前提，計畫執行時不要把一切想的過於美好，要設定預期效果來衡量各階段的狀況、判斷後續的每一步。預期超過成效、達到成效、不如成效、成效與預期落差過大……等，其背後都有待評估的原因。

6 時間排程：時間規劃與第四點相關，差別在於除了步驟還要制定完成時間，才能預期耗損、團隊搭配的契合度，並藉此找出需要介入與協調的關鍵點。

7 成功的關鍵元素：一個計畫的核心在於憑什麼可以成功？成功的關鍵因素是需要思考與設計的。例如有個產品很好，我要賣給誰？而這群消費者爲什麼要買？這就是關鍵因素，需要了解自身優勢。

8 轉型與備案：環境趨勢變化快速，當計畫跟不上變化，或執行過程中出現瑕疵，無法按原計劃前進時，「有無備案或轉型計畫」將會是組織生存的重要關鍵。

9 財務評估：有多少實力做多少事。把財務當作是糧秣，沒有糧秣就養不起軍隊，執行不了作戰。打仗就是在搶奪更多的糧秣產地來充實國家實力。計畫執行也是如此，爲了更大的獲利找來更多優秀人才，計劃去奪取更多資源，充實公司實力，因此財務評估便是重要的環節。

計畫執行時，不要忘記套入SPI的邏輯，隨時保持領導條件的優勢。在什麼環境？用什麼身分？提供什麼利益？達成環境的約束，職務的管制，以及利益的驅動。無論對上對下，甚至面對市場上的客戶皆要如此。

當我們發現一個感覺很好的產品，就要進一步思考要吸引什麼客群？什麼環境有機會約束這群消費者？要使用什麼角色、身分使他們服從購買？要提供什麼誘因使他們驅動？按步產生計畫，然後透過計畫衍生行銷，最後運用組織去支持行銷。這就是完整的計畫。

每個環節息息相關，扎實的計畫不但可以循序地達到目標，還可以使各方溝通頻率達到一定的水準，增加溝通效益、減緩摩擦，進而提升工作效率，形成良善的組織循環。千萬不要因爲波動的市場因素，導致本該求穩的組織環境進入混亂的局面，這才是眞正的解答。

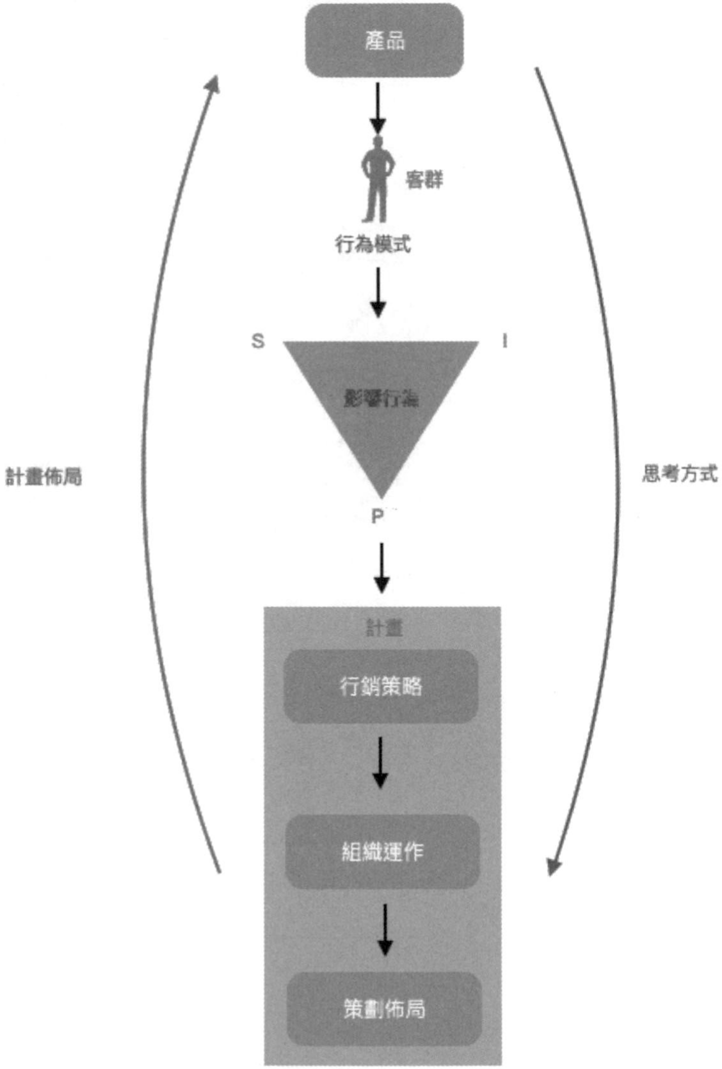

健康計畫的思維圖

註一：SMART「目標管理」，由管理學大師Peter Drucker於一九五四年出版的《管理實踐》一書中提出。

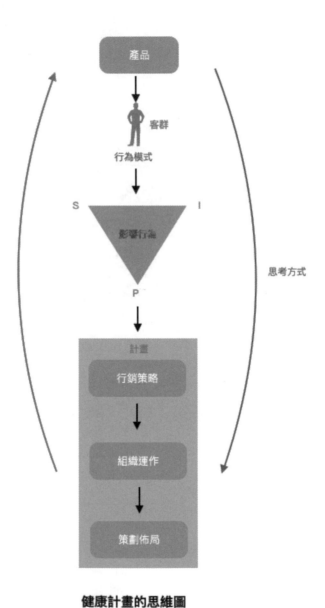

一、市場上的營銷漏斗

大環境不好，有技術的人都希望能獨立出來、做自己的老闆。在過去輔導許多企業老闆的經驗中，我發現多位老闆都是技術高於經營能力、並認爲技術就是成功的關鍵，此想法和過往經驗有關，卻忽略了當初以員工角色工作時，能仰賴公司原本的品牌效應與資源，獨立出來才發現少了有效的助攻，若自己的技術與他人沒有太大差異，便陷入苦戰，急病亂投醫、越搞越糟。追根究底來說，沒有「系統」的思維就無法產出可衡量的計畫，就無法找出問題，資源也無法適當的調動。

「我以前都是做單點，從沒想過它們彼此間可以結合。」這是一名咖啡店老闆親口跟我說的話。「系統」是很多人缺乏的東西，也是領導者需要鍛鍊的思維。市面上其實有很多建構系統的理論與工具，無論4A模型、AIDA模型、5A客戶體驗路徑，產品漏斗……等，也有專門在教系統思考的課程。這裡我們不要複雜，就選一個工具用邏輯來探討「系統」。

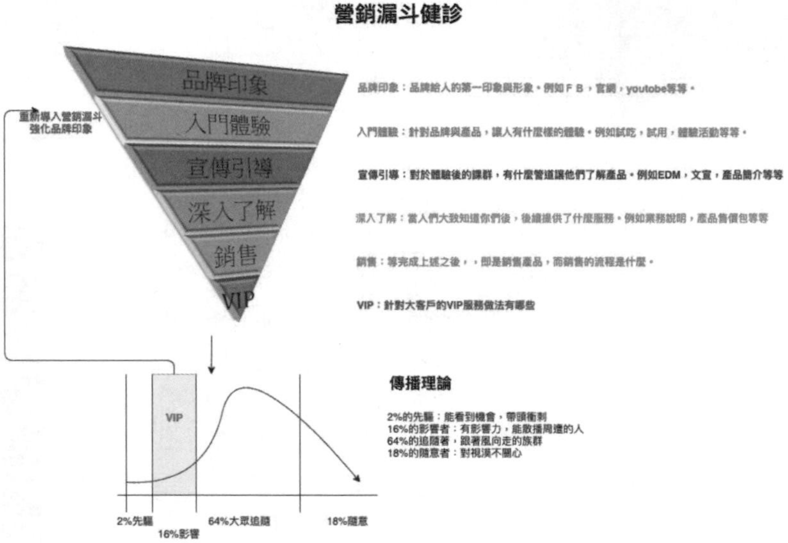
營銷漏斗健診
品牌印象
入門體驗
宣傳引導
深入了解
銷售
VIP
重新導入營銷漏斗
強化品牌印象
品牌印象：品牌給人的第一印象與形象。例如ＦＢ，官網，youtobe等等。
入門體驗：針對品牌與產品，讓人有什麼樣的體驗。例如試吃，試用，體驗活動等等。
宣傳引導：對於體驗後的課群，有什麼管道讓他們了解產品。例如EDM，文宣，產品簡介等等
深入了解：當人們大致知道你們後，後續提供了什麼服務。例如業務說明，產品售價包等等
銷售：等完成上述之後，，即是銷售產品，而銷售的流程是什麼。
VIP：針對大客戶的VIP服務做法有哪些
傳播理論
2%的先驅：能看到機會，帶頭衝刺
16%的影響者：有影響力，能散播周遭的人
64%的追隨者，跟著風向走的族群
18%的隨意者：對視漠不關心
VIP
2%先驅
16%影響
64%大眾追隨
18%隨意

我們來談談什麼是系統？

就是利用彼此的關聯性，有條理地將個體的功能組合在一起，使成效加倍、達成目的。

系統必須具備以下幾點：

1 有單獨也可運作的個體
2 個體要具備因果關係
3 個體之間擁有關聯性
4 有條理地組織個體
5 個體之目的相同

以上五點是建構出系統思考的必備元素。本書不主張複製出來的系統，而是希望能深根塑造邏輯面的清晰，以達到變幻

莫測的運作。在這我們就用「營銷漏斗」來做解釋。

何謂「營銷漏斗」？

就是在經營與設計規劃之時，將上端開口像漏斗一樣放大，隨著每層的篩選與消耗，最終透過一連串的設計找到最忠實的客群，再從客群中發展出品牌效應，進而放大市場聲量與佔有率。漏斗有分好幾層，從品牌印象，入門體驗，行銷文宣，深入了解，銷售購買，VIP經營……等不同模式的導流。

品牌印象：就是讓人們知道你，對你這品牌有些印象。

入門體驗：接著讓人們接觸你，知道你大概做什麼，並實際體驗。

行銷文宣：而後讓人們對你好奇與了解，可以找得到看得到，達到安心放心。

深入了解：再者讓人們深入去熟悉你能提供的服務。

銷售購買：進而進入銷售的服務與購買過程的體驗。

VIP經營：最後透過篩選，經營出對品牌有忠誠的客群，成爲死忠。

這樣就結束了嗎？並沒有。VIP經營留下了16%的影響力者（依據傳播理論，2%為先驅，16%為影響者，64%為追隨），透過這些影響者，設計進入第一階段的品牌印象，來強化商業模式。這一系列的邏輯就是所謂的系統，必須符合以下條件。

1 每層都可以單獨運作。
2 每個執行項目都彼此關聯。
3 每個執行項目都有因果關係。
4 並且透過營銷漏斗的邏輯有條理的導流。
5 最終目的都是建立死忠的客戶群

營銷漏斗並不是什麼新鮮的工具，但其邏輯卻是通用的核心原理。過去協助企業老闆設計營銷漏斗時，都會變成填空的遊戲。放棄了思考與邏輯，自然無法將營銷漏斗完成，建立系統。

這道理就像是當你喜歡一個女生的時候，你會想追到她，於是你就開始想盡辦法讓對方知道你的好。期間會讓對方知道你，想辦法約出去讓對方體驗你，藉此知道你的條件與狀況，使其好奇的深入探索你……等，你會用各種方法把自己銷售出去、成功成爲伴侶，並用心經營與對方的關係，這過程便是「營銷漏斗」，爲了打響自己品牌而延伸的一系列行爲。同理，把你的客群當成對象，設計一連串的行爲讓對方買單，這設計的過程就是「系統」。

清楚以上環節後，要如何設計一個好的、有系統的商業模式計畫？

關鍵在於因果與關聯性，簡單來說就是「排列」與「導流」。

1 首先將產品與經營行爲都排列出來，並找出彼此的關鍵性。

2 將產品由小到大排列出來。

3 按照你的想法，將產品與行爲放置漏斗各相應位置。

4 評估每個經營行爲與產品之間，是否有相互導流的關係。

5 將彼此的關聯線畫出來，清楚引導客戶的整體行爲設計。

按此步驟，就可以輕鬆簡單的將營銷漏斗排列完畢，並設計出商業行爲。

產品規劃與營商業模式

品牌印象：品牌給人的第一印象與形象。例如ＦＢ，官網，youtobe等等。

入門體驗：針對品牌與產品，讓人有什麼樣的體驗。例如試吃，試用，體驗活動等等。

宣傳引導：對於體驗後的族群，有什麼管道讓他們了解產品。例如EDM，文宣，產品簡介等等

深入了解：當人們大致知道你們後，後續提供了什麼服務。例如業務說明，產品售價包等等

銷售：等完成上述之後，，即是銷售產品，而銷售的流程是什麼。

VIP：針對大客戶的VIP服務做法有哪些

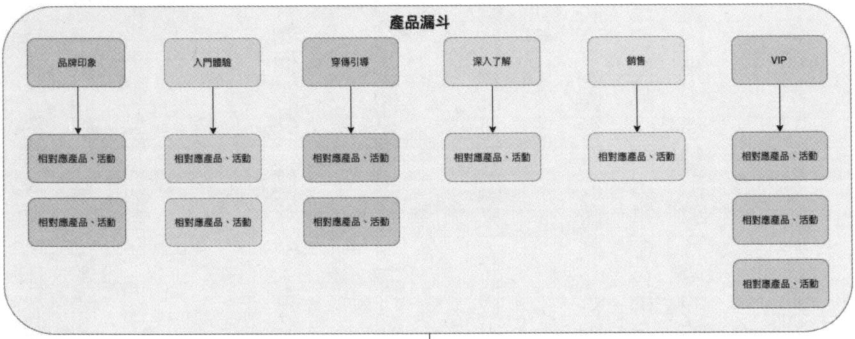

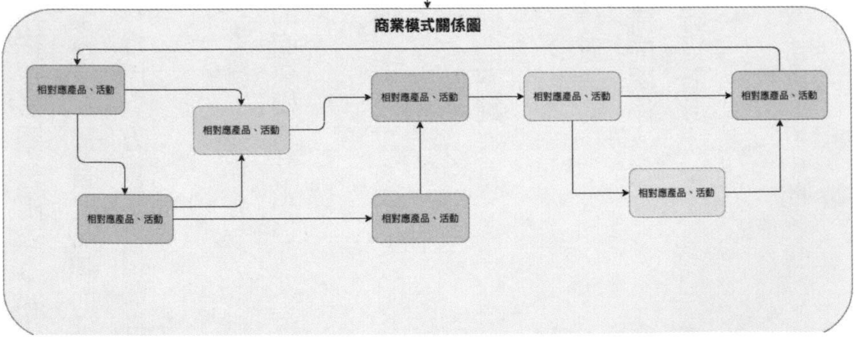

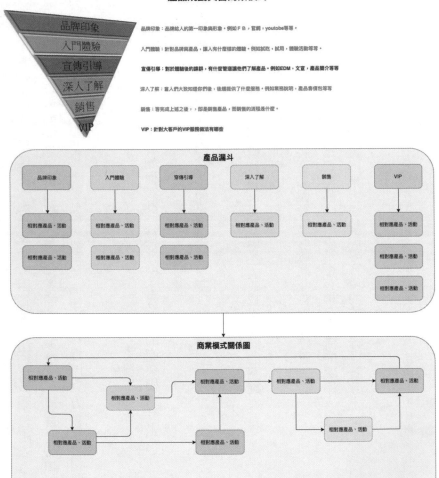

二、勝利的思維與行為

我相信在任何時候，我們都希望自己規劃的計畫能夠成功，並且透過執行的過程有所獲利與成長。不能否認，有時候成功跟運氣有很大的關係，大部分的企業家回憶起自己成功的經驗，我相信套用在每個人身上，即便是這些企業家本身，就算再重複一次，都無法完美複製，也未必會成功。我們除了學習前人的經驗加以調整外，必須回過頭去了解「勝利」的眞諦。

勝利的原則，可從兩個面向來探討，分別是領導者的「思維」與「行爲」，這兩項合起來就是所謂的「格局」。一般來說，格局大的會影響格局小的，而領導者的格局會直接影響思維與行爲產生的效果，也就是影響計畫成功機率。我們接著就來探討一下「思維」與「行爲」。

1 思維模式

在經營上我們要先區分所做的是「事業」還是「生意」？大多的人都在從事「生意」

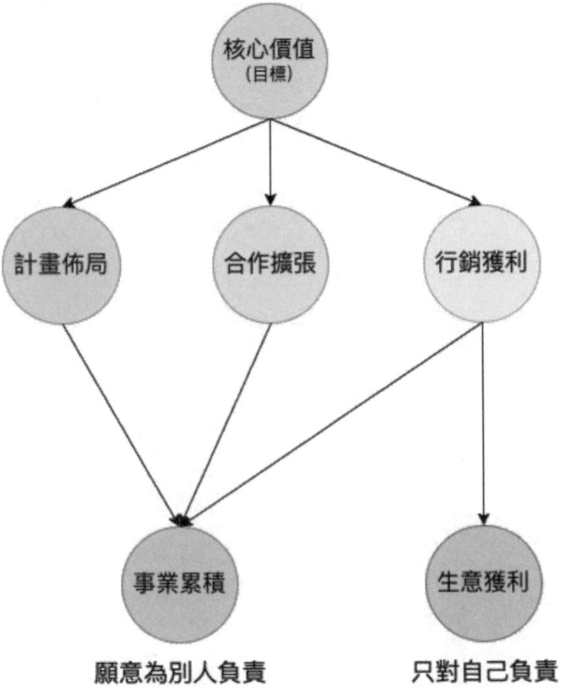

而不自覺，認爲自己是在做「事業」。

什麼是事業？什麼又是生意？

「事業」是有累積的過程，像是品牌經營、客戶累積、據點增加、事業體擴大，都是屬於「事業」範疇。事業需要有願景，並用長遠的角度去觀察，配合策略佈局、階段任務等計畫所需的元素，短期可能看不出效果，但影響甚大。

而「生意」只是單次的交換，一次廣告投放、一次聯名合作、一次促銷……等，用某個行爲換來可衡量的收入，期限短、效果難說，以長遠來看，大多時候不見得有幫助。

然而領導者思維應該要有強大的核心價值，由價值中產生堅定的目標，這目標的長遠取決於策略佈局與完整計畫，並透過分析尋求資源合作，而後著手執行計畫，打造事業累積，並於過程中找到生意機會，如此才是健全的思考模式。

「強行競爭」是非不得已不要執行的方案。要在對方熟悉且經營許久的市場內進行強攻，只能透過更多時間與資金介入。投入大量資源後，若結果不如預期，自然會造成人心浮動，內部問題也會逐漸浮出檯面。一個稱職的領導者，必須用上帝視角來看事情，朝目標前進的過程中，會強調「累積」而不是「要贏」。以按部就班、穩扎穩打的節奏執行計畫，透過行銷經營與佈局，創造額外的機會來增加公司收入，千萬不能爲一點蠅頭小利就大改風向，要把生意融入在事業規劃中。著重於承擔責任與風險，而非利益上的計算。認清自己的現況是至關重要的一件事。

結論：生意是對自己負責，事業是願意對別人負責。

2 行爲模式

計畫要成功，除了要提高思維外，還要有行爲的配合。無論任務是自己執行或是委託他人，我們都要清楚知道執案的人是否符合格局的行爲準則。執行計畫要成功，可以從以下幾個領導者的特質來評估：

(1)性情的穩定：進退得宜，避免衝動誤事，方能夠穩定向前。

(2)懂得評估風險：了解自身的實力，懂得妥善分配資源，還能適當節約。

(3)目標能否一致：是否在意團隊的目標與共識？能否上下同心？

(4)堅定：不受外在影響，按部就班，且有原則地調整，不會朝令夕改。

(5)信任：共同執行的計畫中，能否信任專業委託團隊並給予空間。

若是領導者本身委託給他人執行，那也必須做到以下三點：

1 千萬不要人不在前線又要幕後遙控，嚴重干預進度。

2 對於專業技術不清楚的領域，不要擅加干預。

3 不要雙頭馬車，讓屬下疑惑而不知如何拿捏。

總而言之，別讓團隊對計畫內容產生疑慮，否則必然影響執行效果。

三、有系統的思考

計畫成功的關鍵，與系統思考有很大的關係。在此不用「系統思考的課程」，而是透過本書的心法邏輯，建構一套自己的邏輯思考，打造出屬於自身的系統觀。

「如何想」決定成功的機率。

1 先思考如何「不會失敗」

要提高計畫的成功率，必須把「成功」放在腦後，先思考如何不會失敗。失敗的因素有很多，例如：預備資金不夠、技術不夠、競爭對手過於強大、市場分析不確實、計畫缺乏彈性……等。奪占市場率其實只能靠預估，不可能百分之百掌握，能掌握的只有自己，所以風險顧好，一切安好。

2 不要看到機會就猛衝

機會有時只是「可能是機會」，是否想過，你看到的機會，其他人有沒有看到？甚至已經付諸行動了？大家都看到的機會其實不能算是機會，只能算是一筆追上潮流的「生意」，因此，不要貿然前進，評估好風險再進行，降低失敗的機率。

3 建立一個系統思維

「好的計畫」是**先創造不會失敗的環境，再去追尋獲利的可能**。如何創造不會失敗的環境？就需要有系統的處理事情。其實本書就是一整套系統，在此爲各位整理一個簡單的系統思考方式，協助大家用正確的贏家思維，提高成功機率。

(1) 謀劃：從「核心價值」與「趨勢」產生執行目標。

(2) 衡量：藉由「目標」分析市場趨勢，掌握資源、組織契合度，將所有資訊整合出可執行的計畫。

(3) 計算：計算資金與人力，評估每階段的分配與運用。

(4) 比較：選擇一個「預期目標」或是「競爭對手」，並評估之間的差距。

(5) 優勢：經過層層分析後，找出最大的「致勝優勢」。

稷下學院專案規劃系統思考圖

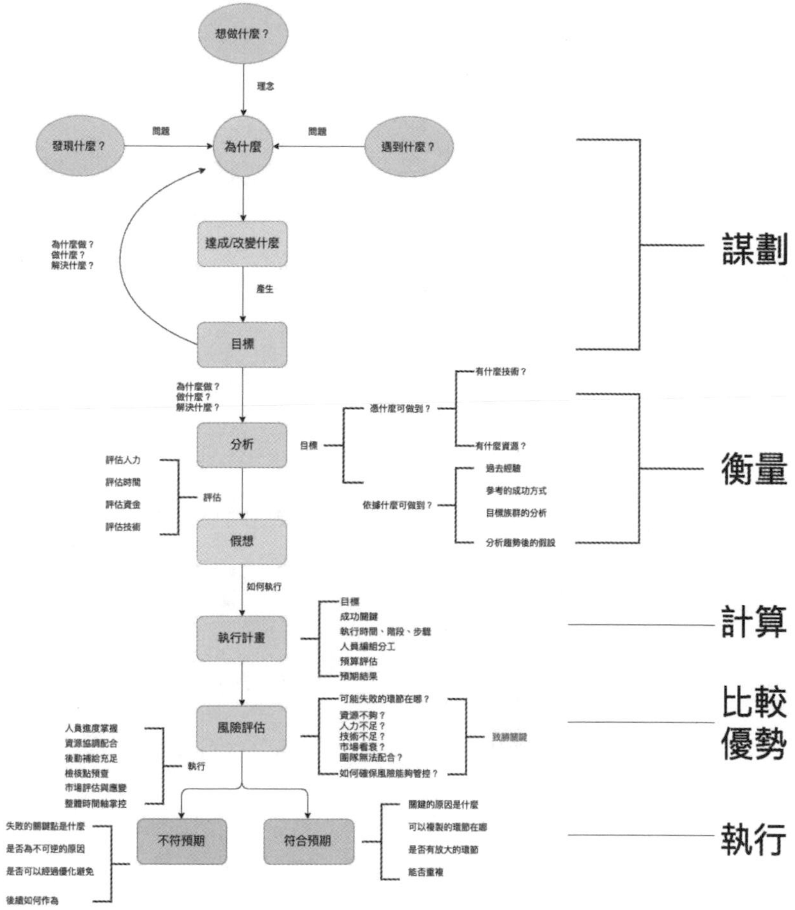

四、不只掌握市場，還要支配市場

說到市場趨勢，一般行銷專家會透過各種數據分析，告訴你消費者行爲模式，就是「市場趨勢」。嚴格去細究會發現那只是經驗的斷定，不一定眞實。再加上前篇論述，當前所見的市場機會，很可能已經是大家都知道的市場，這樣的市場多是以足夠強大、多元的資源投入來決定勝負。進入競爭的階段是最忌諱的行爲。

《孫子兵法》有云：「凡先處戰地而待敵者佚，後處戰地而趨者勞，故善戰者，致人而不致于人也。」簡單來說，善於戰爭的將領，懂得製造環境優勢，讓敵人追著自己跑。等待敵人是輕鬆的，追著敵人是疲勞的，所以善於作戰的將領，是創造環境引誘敵人進來，不會順著敵人意思動作。這其中關鍵便是本書之前一直提到的「SPI領導條件」，在套用行銷的時候也說過，領導你的客群。執行計畫如同率軍作戰，一直追市場（敵人）跑，在測試過程中所消耗的資源是無從計算的。因此，不只是要掌握市場，還要支配市場。

這時，可能會有行銷專家提到，SEO的設計、社群經營、精準的廣告投放，都是把對方引進自己的市場，進入自身優勢來經營。的確，但是否想過大家也都在做？究竟要花多少資源才能壓過其他人，達到自家的曝光？不是說行銷沒有作用，但正向行銷是一段印象製造的過程，需要的是時間與說故事的能力，絕不會是幾個數據能夠完成的。所以我們回歸原始層面來看，你的品牌或產品，是否能夠引發市場的「危機感」？

在這提出三個危機感可供參考。

1 沒擁有以後會很辛苦（帶來生活的改變）

2 沒擁有將來很難有（機會錯過就不會再有）

3 沒擁有就跟不上時代（讓自己與眾不同）

如果沒有這三個因素存在，基本上做任何行銷都是追著市場走。

盲目追著市場有多危險？大多公開消息都不會是真的趨勢，有能力製造風向的人，都在測試新趨勢時，嘗試煽動舊議題，藉此在尾巴掃一波商機。然而，追著市場走的行銷計畫，會陷入不斷變動與浪費資源的情況，偶爾運氣好撈到一點生意，但都不是長久之策。製造自己的優勢，穩定經營屬於自己的客群，按照目標，有計畫的測試市場，於此不但可以避開紅海市場的競爭，還能精準運用資源。

當我們對上大公司時，排山倒海的行銷資源，基本上是不可能贏過對手的，這時要如何做行銷？如果你有明確的計畫可就不同了。在行銷這類消費資金的運作上，明確的目標可聚焦發揮效果。大企業全面擴張，而我們只要集中發揮自身的優勢，就能穩定吸引屬於我們的客群。假設對方花一百萬去行銷，卻分散了資源，可能經營到我們相同的族群時，實際投入這塊的金額只有十萬，而我們僅用十萬去行銷，依據目標發揮了精準投放效果，當十萬對上十萬，大公司就沒那麼強勢了。不用去在乎對方的資本，著眼在自身的客群，建立深度的關係即可。

如何精準行銷。其實閱讀至此，應該已經有些想法了吧？評估三個危機感後，用SPI領導條件去分析，最後透過系統思維去設計、計畫，如此便能找出可行的測試點，經營好自己的市場。成功之後，別人只會知道你成功了，卻無法知道你實際是靠什麼成功的，這時就換別人來模仿你，花大筆資源追著你的市場走。

結論：用優勢創造自己的市場，不要盲目追著只有數據的行銷行為。

Chapter 8
面對風險的應變與轉化

這篇爲什麼又提到風險？因爲風險眞的非常重要，經營管理的眞諦只有一種：「風險的預防」。獲得成功是無法掌握的，這世界上沒有人能把成功說死，都是成功之後大談經驗。但，天時、地利與人和都不同的情況下，我們只能預估成功的可能性，但比起預估不確定的成功，掌握風險相對踏實許多。把能掌握的控幅發揮到最大，是經營管理的核心原理，而這篇就是要深入探究什麼是風險？在經營管理上會遇到的風險有哪些？我們該怎麼處理？

一、風險的本質

「風險」一詞源於科技尚未發展的畜牧漁耕時代，古人需要出海捕魚，而風浪所造成的危害非常大，久而久之，風帶起浪，浪帶來危險，就成了「風險」。指的是在特定時段內所發生的變化、不確定性所造成無法預估的損失。本書開頭就強調風險的重要，前面在敍述情緒管理所造成的風險，別讓自己成爲「風險」，是領導者必備的修煉，而此篇強調的是，執行工作時所可能產生的風險。

執行工作能造成的風險很多，因爲無法預知，所以只能提前預防。需要提前預防就必須要精密的計算與規劃，這又回到本書前段強調計畫的重要性，一個好計畫會經過許多分析，最後會得到一個「機率」。多少機率會成功？多少機率會失敗？得到這資訊後，領導者的功課就是去選擇，要不要拼這個機率。風險從不會消失，只能把它縮小，若是沒有強大的抗壓性，將無法承擔風險，自然是當不上好領導者。

二、後勤的風險

有一種風險叫做「資源不足」。在執行計畫的時候，是否想過執行過程到預期目標之間，手中能運用的籌碼有多少？有些人習慣一鼓作氣把計畫完成，卻沒有思考到資源銜接的問題，最後敗在後勤跟不上的環節。要不就是過於堅持不懂變通，導致計畫執行期間耗損比預期高出許多，依舊導致後勤不足的窘境。

另外有一種叫做「上頭不給你資源」，當你主力在執行一個計畫，可是上頭卻不給你適當的人力與財力，要如何執行好計畫？我曾經任職於一個公司，在提案時，老闆直接說道：「我沒錢給你，也沒人給你，你告訴我怎麼做？」這已經不是後勤不足了，是沒有後勤。後勤支援在任何地方都會是很重要的問題，不是你現在評估有它就一直存在，通常還要注意以下幾種可能：

1 資源沒精算，造成後繼無力

2 資源共享，中途撤離，導致崩盤

3 資源被中途攔截的可能性
4 陷入膠著，資源消耗超出預期
5 資源來源附加代價太大

以上幾種是在評估資源時，還需要特別思考的問題，才能確保掌握於手中的資源是眞實的，不是自以爲的幻想。

還有一種會造成後勤風險的問題，就是「人爲決策」造成的風險。有些時候是因爲領導者的個性與行爲造成許多錯誤，導致資源的分散產生問題，以下列舉幾種：

1 遇到問題不加思索，拼就對了的賭博性格
2 死不變通，造成無法脫身
3 不顧風險的運作方式
4 不斷打爛仗，過度耗損
5 毫無準備的進入不熟悉的領域

以上幾種問題，都會造成計畫執行中頻繁的變動，導致無法精算資源，等遇到問題便無法應變，資源銜接不上而失敗。那要怎樣避免產生後勤風險的問題？有幾個原則可以提供參考：

1 在有計畫下執行工作
2 計畫必須要階段與步驟
3 各個階段與步驟都需要評估資源
4 分配的時候要留下預備資源
5 最壞情況下，還可從哪獲得資源

如此，就可以避免資源過度耗損，或是應接不暇的問題。

三、猶豫不決的風險

猶豫不決是一個非常嚴重的問題，尤其發生在關鍵時刻，不但可能錯失良機外，某程度還會影響團隊內部的執行效率，嚴重會打擊士氣。古時候帶兵打仗，第一便是講求清晰明確的命令，好比大腦下達了指令，全身才能反應一般。猶豫不決會導致內部運作癱瘓，許多資源便無法如期運行，公司如同中風。大多猶豫不決的結果就是事事無解。在會議上猶豫不決不敢下決心的領導者，主因是其抗壓性不足，或是幕僚沒有分析能力所導致，因此會一直推延會議與決策時間，使萬事無解，無法有效運作。

要如何避免這樣的情況？一樣也是用計劃來穩定執行端。遇到猶豫不決的問題，通常是在位者可能不適任，若是高階主管便會建議調整職務，要相信每個人的能力都有它適當的位置。大多時候公司文化是讓資深的人優先升遷主管，或是人際關係好爲依據，跟是否能擔任領導者一職並無直接相關。導致帶著專業技術的人擔任主管後，用專業技術的角度看營運管理的面相，就會顯得格局不足。若本身是老闆，就會建議委任營運長或專業團隊協助分析，增強決策空間。畢竟我們不可能換掉老闆，也不可能改變他風格所衍生出來的企業文化。

計畫本身就不會有完美的，所以有時候一點錯誤是正常的，伴隨風險前進也是理所當然要承擔的。因此猶豫不決所導致的拖沓與停滯是致命的傷害，基本上儘管有再好的計畫，若無落實執行，自然也無法找出問題，這樣糟糕的情況一定要避免。

結論：沒有承擔風險的能力，也就不會獲得伴隨的獲利。

四、領導者的風險

領導者本身就是一個隱性的大風險，往往不會被人注意到。爲什麼一開始就強調領導者的修養，原因在於領導者與決策執行是脫不了關係。一個領導者的個性與行爲所產生的影響，就是非常大的不確定性，已經符合「風險」的定義。而領導與管理所造成的不確定，必然無時無刻干預職場上的每個環節。若是遇上情緒管理有問題的主管那情況會更棘手。《孫子兵法》也提過：「主不可因怒而興師。」不要在盛怒之下貿然發兵，有可能會中了敵人的計謀。相對的，在經營管理時若依據情緒來決策，會導致錯誤連連、失去系統的完整性，惡性循環破壞組織內部，後果就是不知爲何而敗。然而，領導者的情緒反應，通常跟個性相關。以下幾種個性的領導者較容易發生情緒問題：

1. 梭哈拼死：無所畏懼的人更要畏懼，因爲不知風險的人，不會控制風險，結果不是大好就是大壞。
2. 膽小怯懦：害怕失敗，標準的猶豫不決，其實是不敢承擔責任。
3. 衝動易怒：容易因爲變動與未知，產生對應情緒，容易做錯決策。

4 沽名釣譽：自私自利，只在意自我名聲與利益，不可能有正向情緒與判斷。
5 過於仁慈：理想主義者，想要共好，最後朝令夕改，亂七八糟。
以上五點爲領導者最忌諱的個性，這類的風險不明顯、常被忽視，卻非常關鍵。
結論：不要忽視隱性風險，決策者往往就是風險的來源。

五、不懂變通的風險

不懂變通，又可以解釋爲剛愎自用，也就是過於堅持己見，就算錯誤明白顯現，也不願意承認、死命胡搞，會造成跟情緒反應風險一樣的結果，運作阻塞、如同中風，甚至更嚴重者，在資源瘋狂消耗的壓力下，又不承認決策失誤，便全數轉嫁給成員，使組織分崩離析。這絕對不是危言聳聽，歷史上的項羽自刎於垓下，袁紹大敗於官渡，都是剛愎自用的結果。

變通是領導者要學習的功課，可矛盾的是，很多理論又告訴領導者要堅持？程度拿捏的關鍵在於「核心價值」，這是領導者最終要守護的東西。以下提供一些思考點，用來判斷需要變通的關鍵時間：

1 導流：整體計畫執行過程中，是否有完整的導流？並持續獲得必要資源，達成戰略目的？

2 備案：計畫過程中要思考，是否可進可退、進退自如？有無備案的規劃？

3 獨特：當計劃陷入膠著時，思考是否因過度模仿別人的商業模式，導致沒有獨特點。

4 效率：計畫是否有效率的執行，如果沒有，爲什麼？目標是否精準？

5 風險：計畫執行過程中是否已經捉襟見肘？如果是，就代表快要支撐不住了，請盡快改變。

決定是否該堅持時，可以好好跟自己對話，堅持與固執其實就只差在是否有「依據」而已。

結論：適當堅持是魄力，過度的堅持就是固執。不變通表示風險應變力差，後果就不言而喻了。

六、情緒反應的風險

除了前面提到的幾種情緒管理問題外，還有一種就是過於亢奮。這些年，知識大爆炸，西方各種理論也蜂擁而至，開始出現一種派系，叫做「激勵」。就是透過一系列的設計，讓人被激勵而亢奮，達到提升效率的論述。但，其實這隱藏著很大的風險，因爲領導管理就是附著人性所產生的，若是無法順著人性走，那必然會出問題。激勵也是一樣，人既然有喜怒哀樂，情緒勢必有高低起伏，「激勵」在古代行軍作戰時，是用在特殊情況，當面臨一場硬戰，生死存亡關鍵的壓力下，激勵可以發揮很大的效果。但若是平常一直使用激勵來領導部屬，會有倦怠的後遺症。

「千萬切記，你把情緒煽動的多高，那倦怠就有多深。」

關鍵在於抬高的情緒是否有宣洩點？是否能在終點獲得相對的報酬？讓滿意的結果來舒緩亢奮情緒。若是沒有，在某些支持這論述的團隊中，便只能一直把人送進機構，在機構裡亢奮，卻對組織營運沒有幫助。組織發展講求穩定的前進，需要透過理性來驅動，而非多餘的情緒。《孫子兵法》就提過「風林火山」，尤其身爲主管，需要適時應變各種問題，穩定的情緒非常重要，而非莫名的興奮。在這提供以下情緒的區分與運用：

1 迅速（風）：執行事情要向徐風經過山林般流暢、順遂。

1 平穩（林）：平時運作之時，心態要如山林般平穩、安泰。

2 亢奮（火）：競爭時，要向烈火焚燒一樣的迅速，兇猛。

3 安定（山）：遇到危險時，要像沉著穩重的大山那樣讓人穩定，安心。

理性的情緒調整，豈是市面上的論述能夠達到？反而是SPI的客觀分析能夠做到此點。

七、市場領域與應變

本章我們來聊聊市場現象。這是人人都在談論，也是專業人士特愛炫技的領域，每個專家都會用專業的角度剖析市場，告訴你該如何佈局。但市場本身與人的行爲有很大的關係，只要人變，市場就會轉變，常常使我們要將產品帶入市場時感到無所適從。到底該怎麼區別市場呢？我們在此不討論消費行爲學，而是從「現象」來研究。風險在前的觀念下，了解市場現象就能預估做法，達到進退自如的狀態。而在此區分爲九種市場現象，分別爲「**熟悉領域**」，「**陌生領域**」，「**競爭領域**」，「**交疊領域**」，「**合作領域**」，「**艱險領域**」，「**高風險領域**」，「**耗損領域**」，「**危機領域**」，並提供適當的態度來面對。

1 熟悉領域

熟悉領域是已經經營許久的領域，有一定的熟悉與掌握度，或是擁有穩定的客群支持、獲利模式。若遇到新興勢力投入，無論對方資本與勢力多大，都不要與之硬拼，反而要穩定原本的市場，鞏固長久經營的客群，發揮「習慣」的優勢。

在熟悉領域遇到挑戰時，盲目投入資源應戰反而會進入耗損競爭，長遠看來不是好事。先在內部製造同仇敵愾的危機感，發揮企業核心價值來穩固長久以來的經營，即是上策。

2 陌生領域

相反，陌生領域是完全不熟悉的市場，可能是剛創業、開發新產品想接觸新市場的狀況。進入陌生領域需要大量的資料分析與計算，還有精準的目標。關鍵在於精準與目的性，設定好目的性後，快速進入市場測試結果，達到目的即可，決不留戀。並以此數據與市場現況來調整。當然，前提是要評估資源與風險，能否支撐這趟測試？以失敗也不會動搖到本體為前提，去嘗試陌生領域的經營。

3 競爭領域

競爭領域是指雙方都認為很重要，且必要拿下的市場。其勢必會是一場硬戰。如果是彼此都還沒有經營的情況下，比的是「組織運作」與「決策」的速度，快速完成計畫評估、攻佔市場。然而，若是遇到對手強行進入我方已經長期經營的市場，此刻為「熟悉領域」，那就必須想辦法堅守，這考驗的是團隊面對變化時的風險掌控能力。若面對的是對方耕耘許久的市場，便不宜強行侵入，建議透過「合作」來進行市場爭奪。

4 交疊領域

雙方使用的競爭方法與資源、背景大多相似時，必然會進入消耗狀態，此刻比的便是資源多寡與團隊優劣，很難於一時改變現有狀態。建議採取安全爲上的保守策略，因爲活得長久才是贏家。

5 合作領域

合作領域是競爭外的模式，是共同利益經營，也有可能成爲上下游關係。此模式要確保彼此的利益平衡，或是共同理念穩妥。因爲合作夥伴也可能成爲競爭對手進入市場所拉攏的對象。因此合作領域講求的是「共利相存」，以顧全大局爲優先考量。當要進入不熟悉的市場時，便可以透過合作增加市場的能見度、資源互補。

6 艱險領域

當你要進入別人深耕許久的市場時、當同等資源與商模都無法突顯時，理性的建議通常是選擇避開爲上。但若是別無他法、必須強行經營時，除了用強大資源對抗，也可以透過合作來分散風險、增加生存機會。畢竟要在對方熟悉的市場中，找出突破口是很困難的事。透過合作還能增加獨特與話題性，來強佔領域內的自有客群，並持續等待機會。

7 高風險領域

已預知到經營此市場的高風險。通常是在預期為高報酬的情況下，才會建議嘗試的一種方式。這種市場的經營方式跟陌生領域有點像，差別在於有可能是熟悉的領域只是不同地域的經營，此方針便會是依據目標快速取得獲利，速戰速決達成目標即可，後續再做評估，避免讓自己捲入不好的市場現象。

8 耗損領域

面對已有明確耗損，經過各項評估後都無法挽回的局勢時，有兩種做法可採用，一種是認賠脫離、不再留戀，保留自身實力後續再應變。另一種是製造危機感，背水一戰，通常是不建議後者，因為風險過大、成功率過小，非退無可退時，不必冒險從事這樣的賭局。

9 危機領域

在虧損明顯且毫無退路、進退不得，可能全盤皆輸的情況下，只能與團隊全體達成共識，奮死一戰。不必拘束與侷限於方法，盡可能達成目標是此刻唯一能做的事。

九種領域都需要融會貫通，因爲此刻的熟悉領域有可能會隨卽轉爲競爭領域，隨著環境改變來調整爲最適當的方法。本章節的主要目的是希望讓領導者在混亂的市場上做些基本的分類，但千萬不要死讀書，把這九類當成一個大項分類，在模糊不安時協助自己突破盲點。最後千萬別忘了，在分析市場與敵我優勢時導入SPI領導條件，方能做出客觀判斷與正確決策。

最後做個總結，面對不同領域的市場環境時，該用什麼態度去應對？

1 競爭激烈的市場：優先評估財務的狀況。
2 損失機率高的市場：以一次性投入爲主。
3 先佔據就握有先機的市場：講求於迅速。
4 混亂不清的市場：以不輸爲前提，保守爲上。
5 不熟悉的領域：非必要避免冒險。

遵循以上領導者必備的危機思維，便可大大降低風險，提高成功機率。

結論：九種領域融會貫通，方可以不變應萬變，不拘形式方為上乘功夫。

Chapter 9
領導管理應用

最後我們來談談領導管理，運作一個組織會遇到許多問題，其中最大的問題就是領導者本身是否有問題。一個團隊的戰力取決於領導者的指揮能力。對於領導者而言，太嚴苛會引起部屬反彈，太親暱又難以指揮，到底該如何拿捏？與第一章不同的是，本章會針對領導者作為細細探討，並提出適當的建議，協助領導者妥善的引領團隊。

一、領導者該具備堅定的原則

領導者該具備什麼樣的性格？說實在沒有標準的答案。不同的環境下，每種特質都會有相對應的幫助。所以談到什麼性格能夠成爲領導者，不如說什麼性格能夠打造「領導團隊」？「領導團隊」的概念在於有可以共同決策與討論的核心群體，而不是大量純做事的員工，核心團隊的成員需要七類特質（請參考第四章論述）。

有時候我們看到許多領導者，看似在與團隊共事，但其實兩邊並無溝通共識，順遂時沒問題，若遇到風浪就頃刻翻覆，代表沒有好的團隊。

有人會說，領導者就是要能夠心胸開放、海納百川，讓所有人都進到自己的環境。是這樣嗎？其實這是很有問題的論述，大多的寬容最後只是演變成過度的仁慈與放縱，寬容是很難掌握的標準，每個人界定的寬容也不同。之前在討論人際關係與組織內部混亂的問題時，就不斷強調寬容絕對無法讓你收攬天下人，還會導致有能力的人慢慢離去。

「眞正收攬天下的方法是原則。」

「原則」，才是一個領導者該具備的特質，強大的原則才能打造目標一致的團隊，創造健康的環境。原則跟核心價值有一定的關係，前文有提過，核心價值決定組織的外在形象，因此聚集相同理念或是目標的人、衍生各項規定。原則不變的情況下，團隊磨合相對快速，對於維持成員的穩定性也有幫助。「原則」令人感覺非常空泛，原則到底是什麼？提供以下五點作爲建立原則的參考。

1 高度透明化的管理
2 做人處事的誠懇
3 解決事情的準則
4 服衆的信用
5 平穩可循的邏輯

二、性格上的穩定

領導者要不斷練習維持性情上的穩定，除了之前一直提到的情緒管理外，情緒鍛鍊能使性格成熟，訓練自己面對現實。「對自身認知的程度決定團隊發展的強度。」爲什麼這樣說？一個領導者勢必要能從上帝視角來看事情，維持客觀與中立是經營上必備的能力。因此要對自身所掌握的一切有清楚的認知，像是體悟到自己的不足，才能讓團隊有發揮所長的空間，並取得工作成就與滿足。了解團隊的弱點才能夠壯大團隊，了解公司的能耐才能有效佈局。有時候要面對自己的不足是件難事，因此性格穩定與成熟便是關鍵、是必備特質之一。

1 知道自己實力，卻不清楚團隊能耐，是危險的。
2 知道團隊能力，但對市場認知不清，是危險的。
3 清楚市場，卻不清楚團隊是否能應對，也是危險的。
4 清楚市場也掌握團隊能力，但搞不清楚握有的資源，是不會成功的。
5 清楚市場、團隊與資源，卻不知道假想對手，成功機率只剩一半。

6 如果都掌握了一到五點，仍然無法穩定朝計畫走，就適時承認錯誤。無法變通一樣具備危險。

要了解自己、敵人、資源、妥善、客觀的分析、知錯能改、按部就班的前進，適時的調整應變，以上是維持性格穩定才有辦法做到的。

三、擅於用人

這邊指的用人，是懂得引誘衆人，如何成功打造萬衆一心的團隊，靠的不是短暫的激勵，而是設定短、中、長期目標，讓團隊成員去追求。讓員工發自內心渴望，自動自發才有可能發生。與員工成爲生命共同體，才能萬衆一心。

短期目標：透過管理手段來誘發與迫使、改變部屬行爲。像是處罰與獎勵，讓人避壞趨利。

中期目標：專案的獎勵、獎金……等額外的收獲。

長期目標：職位、地位、願景、與衆不同的待遇……等。

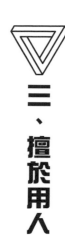

透過目標設計，讓團隊成員在長期有收穫的誘發下，主動追逐目標，並依特定情況適時引發危機感，達到背水一戰、拼死效命的效果。

用人的藝術中，沒有公平這個議題，公平是組織與規範的事。因爲人的能力有別，收穫也勢必不同，一致性的經營一定會削弱團隊，妥善利用獎勵、適當的壓迫，懂得恩威並施，才能將人心收攏於手中。感受並注意部屬平日的言行，了解他們的慣性，摸清他們的喜好，並在關鍵時刻雪中送炭，一舉拿下部屬的心，這是很重要但無法傳授的心法，得透過SPI慢慢修煉才有機會做到。

結論：不要打造刻意的能量，而是創造符合人性的慾望，能量便油然而生。

四、懂得運用組織與規範

組織與規範是一道好用的防火牆，可以解決許多問題與紛爭。重要的是，還能透過組織間的節點來維繫團隊的平衡。曾經有個碩士研究生在團隊會議上提出「穀倉效應」（註一），並開始解釋與評論，他認爲傳統組織造成的「穀倉效應」會讓公司運作弱化、代理人制度無法建立。而我當時提出不同看法，問道：「這應該要依據目的而論吧？」

在某些特殊狀況下，「穀倉效應」能協助團隊免於野心的擴張，有效防止內部混亂。眞正懂得管理的領導者，根本不會讓部屬有機會可以挑戰自己，怎麼做到的？就是透過組織來平衡一切，如同如來佛把孫悟空困在掌心一般，善用你的組織可以省去很多不必要的麻煩。

結論：組織就是領導者的防火牆，減少多餘的問題，保護團隊運作。

註一：穀倉效應源自Gillian Tett同名書籍中提出的論點。講述過度分工造成組織產生的種種困境。而此是針對研究生講述的穀倉效應，提出「針對目的而論」的思考方式。於此澄清說明。

五、勇敢與承擔

就我擔任管理顧問時，與許多主管聊天下來的經驗發現，有時候一個主管的能力會與他的勇氣成正比。害怕決策會使事情出現很多問題、造成混亂。而不敢決策的背後原因，就在於沒有勇氣承擔責任。《孫子兵法》強調：「將者，智、信、仁、勇、嚴。」這之中的「勇」不是打戰的勇猛，而是將者內心中，抵抗壓力的剛強與勇敢。曾聽一位主管說過：「爲什麼我要爲他們扛這些？」也有老闆斥責：「員工就是來爲我賣命的，我還要爲他們承擔什麼？」但我想反問：「如果你們無法爲員工承擔問題，他爲什麼還需要你？」

「職務」只是後天設計出來的產物，人與人之間，還是必須靠相處來建立關係。想要在團隊裡有威望，一定要付出多於回報，所承擔的責任必然較重。

「當你不願意付出更多的勇氣來承擔時，你就漸漸不適任領導的角色。」

領導者是人人都可以做的，但卻也不是人人都做得來的，勇氣與承擔是非常關鍵的因素，希望每位領導者能好好思考「沒有付出哪來獲得？」、「若沒有與眾不同，如何引領眾人？」。

結論：問問自己，你為了成為領導者，願意付出多少？

Chapter 10
結論

沒有誰是天生的領袖，任何領導者都可以後天培養，只在於是否願意承擔比他人多的責任與麻煩，是否願意有意識鍛鍊自己的性情，若是願意，那誰都有可能成爲優秀的領導者。領導者從來沒有公式可以依循，那是發揮影響力的過程，也是個人特質的延伸。很多時候我們容易忽略一件事，不是你想要影響別人，就能做到，而是要在必要的前提下才有辦法。因此SPI至關重要，必須時時刻刻透過SPI領導條件來塑造「領導環境」，才有可能影響衆人，這是不變的鐵則。

「你是領導者，但你不是神。你不是神，所以你需要花更多的修煉，才有辦法站在前端服務大衆。也因爲要服務大衆，更需要了解人的心理與行爲，並透過不斷的反思與付出，獲得衆人認同的領袖。最後，還是老話，問問自己，爲了領導，你願意付出多少？」

國家圖書館出版品預行編目資料

SPI後天領導者／蕭正浩著. --初版.--臺中市：
白象文化事業有限公司，2022.01
　面；　公分
ISBN 978-626-7018-88-0（平裝）
1.領導理論 2.組織管理
541.776　　110014634

SPI後天領導者

作　　者　蕭正浩
校　　對　蕭正浩
發 行 人　張輝潭
出版發行　白象文化事業有限公司
412台中市大里區科技路1號8樓之2（台中軟體園區）
出版專線：（04）2496-5995　傳真：（04）2496-9901
401台中市東區和平街228巷44號（經銷部）
購書專線：（04）2220-8589　傳真：（04）2220-8505
專案主編　陳媁婷
出版編印　林榮威、陳逸儒、黃麗穎、水邊、陳媁婷、李婕
設計創意　張禮南、何佳諠
經銷推廣　李莉吟、莊博亞、劉育姍、李如玉
經紀企劃　張輝潭、徐錦淳、廖書湘、黃姿虹
營運管理　林金郎、曾千熏
印　　刷　基盛印刷工場
初版一刷　2022年01月
定　　價　400元